Förthmann
Autopiloten und Windsteuersysteme

BORDPRAXIS
TECHNIK

AUTOPILOTEN UND WIND- STEUERSYSTEME

Peter Christian Förthmann

Pietsch Verlag Stuttgart

Impressum

Einbandgestaltung: Anita Ament
Titelbild: Kai Greiser, Hamburg

Bildnachweis:
Derek Daniels, GB: S. 41
Gert Fopma, NL: S. 57
Kai Greiser, HH: S. 57, S. 59
Peter Matthiesen, DK: S. 63
Dieter Stöhr, Kiel: S. 58
Alle übrigen Fotos stammen von Peter C. Förthmann, Hamburg.
Die Zeichnungen fertigte Jörg P. Kusserow, Hannover an.

Eine Haftung des Autors oder des Verlages und seiner Beauftragten für Personen-, Sach- und Vermögensschäden ist ausgeschlossen.

ISBN 3-613-50256-9

Lektor: Astrid Breuer-Greiff und Oliver Schwarz
Hersteller: Bernd Peter
Druck: Rung-Druck, 73033 Göppingen
Bindung: E. Riethmüller, 70176 Stuttgart
Printed in Germany

Inhalt

Ein Schiff zu steuern, ohne selbst das Ruder in der Hand zu halten, diese Idee hat erst im 20. Jahrhundert den Geist der Erfinder beflügelt. In der Zeit der Großsegler, bis weit in unser Jahrhundert hinein, wurde von Hand gesteuert. Mannschaft war reichlich und billig zu haben. Alle Arbeiten an Deck, im Rigg oder am Anker, wurden von Hand erledigt. Reichte die bloße Muskelkraft nicht aus, wurden Taljen oder Klappläufer geschoren. Der Anker wurde mit Hilfe der Untersetzung des Ankerspills an langen Spaken von Hand gehievt. Auf den Großseglern der letzten Generation, die in hartem Wettbewerb gegen die zunehmend größere Flotte der Dampfschiffe einen verlorenen Kampf zu fechten hatten, waren bereits kleine Hilfsmaschinen, ebenfalls dampfbetrieben, zur Unterstützung der Mannschaft vorhanden. Dennoch: Gesteuert wurde in drei Wachgängen von Hand, wenn dabei dann das Ruder mit einem Tampen festgelegt wurde, war dies bereits eine grosse Erleichterung, denn Steuern war Arbeit. Elektromotoren oder hydraulische Kraftunterstützungen waren auf Rahseglern unbekannt.

Zu diesen Zeiten, in den ersten Dekaden unseres Jahrhunderts, war der Segelsport ein überwiegend elitär betriebener Sport. Seesegeln mit Jachten war ein Sport der Reichen, die Arbeit an Deck eine Mannschaftsveranstaltung. Niemand wäre je auf die Idee gekommen, den »schönsten« Platz an Bord, den Platz am Ruder, durch einen Automaten zu ersetzen.

Erst der Siegeszug der Dampfmaschine und der damit verbundene stark ansteigende internationale Personen- und Warenverkehr, machte irgendwann, Mitte unseres Jahrhunderts, ganz unspektakulär, den menschlichen Rudergänger zunehmend unnötig: Der erste Autopilot wurde im Jahre 1950 erfunden. Bereits kurze Zeit später gehörte ein starker elektrohydraulisch betriebener Autopilot zur Selbstverständlichkeit bei jedem Schiffneubau. Das Ruderrad war auf diesen Schiffen zwar noch vorhanden, jedoch befanden sich seitlich davon die immer mehr genutzten Knöpfe zur direkten Betätigung der Rudermaschine. In der Berufsschiffahrt und der Fischerei wurden nahezu sämtliche Arbeiten an und unter Deck bereits sehr früh mit elektrischer oder hydraulischer Unterstützung erledigt: Ladegeschirr, Ankerspill, Winschen fürs Festmachen, Ladeluken öffnen und schließen, Netze einholen. Jedes Schiff wurde schnell zu einem kom-

Steuern auf dem russischen Rahsegler *Sedov*.

plexen System von Stromgeneratoren und Verbrauchern, und solange die Hauptmaschine lief, war Energie jederzeit im Überfluß vorhanden. Ohne Übertreibung kann gesagt werden, daß heute auf allen Weltmeeren die gesamte Berufsschiffahrt und Fischerei ausschließlich von Autopiloten gesteuert wird, eine Tatsache, die keinen Blauwassersegler kalt lassen sollte. Selbst ein aufmerksamer Wachgänger auf der Brücke eines mit 22 kn dahinrauschenden Containerschiffes wird nicht verhindern können, daß sein Schiff noch eine ganze Weile weiter geradeaus fährt, bevor es dann mit sanftem Bogen zu Seite dreht. Ein Frachter in der Kimm ist schnell heran, zumal die Augenhöhe auf einer Segeljacht nur wenig über Null beträgt. Jedes Jahr gibt es eine Reihe von Kollisionen, bei denen eine Segeljacht fast immer den kürzeren zieht. Selbst auf Revierfahrt werden Frachter und Fähren heute von Autopiloten gesteuert. Die Großfähren der Stena Line rauschen mit voller Fahrt durch engste Schärengewässer ohne menschlichen Rudergänger, gesteuert von Decca-Impulsen einer speziell für diesen Einsatzbereich entwickelten Software.

Geschichte der Selbststeuerung

Ausgedehnte Segelreisen mit kleiner Crew zu unternehmen, dies gefährliche Unterfangen war zunächst wenigen Pionieren vorbehalten. Johua Slocum mit seiner legendären *Spray* war einer der ersten. Es ist überliefert, daß sein Schiff durch ein ausgeklügeltes System der Schotenführung, ansonsten mit einfach festgelaschtem Steuerrad, von allein relativ kursstabil segelte. Allerdings war die *Spray* ein Schiff, das von Natur aus recht gut geradeaus lief, ihr Kiel war nahezu genauso lang wie die Wasserlinie. Diese Art von Selbststeuerung beruhte auf dem Effekt, daß ganz bewußt auf den optimalen Vortrieb eines Segels verzichtet wurde, und statt dessen ein Teil der Segelfläche ausschließlich zum Trimmen verwendet wird.

In einem Brief an die Zeitschrift *Yachting Monthly* im Jahre 1919 beschreibt Hambley Tregoning ein System, wie man die Pinne eines Schiffes mit einer Windfahne verbinden kann. Die Veröffentlichung dieses Briefes hat im Verlauf der folgenden Jahre viele Besitzer von Modellsegeljachten beflügelt, ihre Boote windabhängig steuern zu lassen. Durch einfachste mechanische Verbindungen zwischen einer Windfahne und der Pinne wurden beachtliche Resultate erzielt. Auf großen Jachten hingegen konnte diese Systemart nur sehr begrenzt übertragen werden, weil die von einer Windfahne erzeugten Zugkräfte nicht groß genug sind, die Pinne direkt zu bewegen.

Das erste Windsteuersystem

Das erste Windsteuersystem wurde auf einem *Motorboot* eingesetzt. Der Franzose Marin Marie verwendete auf der 14-Meter-Motorjacht *Arielle* bei seiner spektakulären Einhand-Atlantiküberquerung im Jahre 1936 eine überdimensionale Windfahne, die über Leinen das angehängte Ruder seines Schiffes steuerte. Marin Marie benötigte für seine Reise von New York nach Le Havre genau 18 Tage. Sein Windsteuersystem ist heute noch im Musée de la Marine in Port Louis zu sehen.

1955 unternahm der Brite Ian Major mit seiner *Buttercup* eine Einhandreise von Europa zu den Antillen. Hier steuerte eine kleine Windfahne ein am Hauptruder angehängtes Flettnerruder (auch Trimtab genannt), anfangs die am häufigsten verwendete Systemart.

Ebenfalls im Jahre 1955 montierte der Engländer Michael Henderson auf seiner legendären 17-Fuß-Jacht *Mick the Miller* eine Eigenentwicklung, die er »Harriet, die dritte Hand« nannte. Hier bewegte die Windfahne ein kleines, zweites Ruderblatt, während das Hauptruder festgestellt wurde. Mit diesem System war Henderson überaus erfolgreich; mehr als 50 % der Steuerzeiten konnte es eingesetzt werden.

Auch Bernhard Moitessier verwendete auf seiner *Marie Thérèse II* im Jahre 1957 ein Flettnerruder, ab 1965 dann auf seiner *Joshua* ebenfalls ein derartiges System, allerdings in vereinfachter Form. Die Windfahnenachse war hier direkt auf der Flettnerruderachse befestigt.

Der Startschuß für das erste OSTAR (Observer Singlehanded Transatlantic Race) am 11. Juni 1960 in Plymouth kann wohl als der Beginn der Ära der Windsteuersysteme betrachtet werden, da ohne derartige Hilfsmittel keiner der fünf Teilnehmer das Ziel erreicht hätte.

Die Hasler-Anlage 1970.

Die Fünf:

Francis Chichester nannte sein erstes Windsteuersystem »Miranda«: Eine überdimensionale Windfahne mit einer Fläche von nahezu 4 qm und einem Gegengewicht von 12 kg war über Umlenkblöcke und Leinen direkt mit der Pinne verbunden. Die riesige Windfahne führte zeitweise ein Eigenleben, so daß Chichester sehr schnell über eine Veränderung der Proportionen Windfahne/Ruder nachdachte.

Blondie Hasler verwendete auf seiner *Jester* erstmals ein Pendelrudersystem mit Differentialgetriebe.

David Lewis und Valentine Howells verwendeten einfache Flettner-Systeme, die von einer Windfahne direkt angetrieben wurden.

Jean Lacombe nutzte ein gemeinsam mit Marcel Gianoli entwickeltes Flettnerrudersystem mit variabler Übersetzung.

Hasler und Gianoli, ein Engländer und ein Franzose, haben im weiteren Verlauf der Geschichte die Entwicklung der Windsteuersysteme maßgeblich geprägt. Die von ihnen aufgefundenen Gesetzmäßigkeiten haben bis in die heutige Zeit hinein ihre Gültigkeit behalten.

Auf diese beiden Systeme wird an anderer Stelle näher eingegangen werden.

Aber zunächst weiter im Gang der Geschichte:

Im zweiten OSTAR von 1964 waren ebenfalls sämtliche Teilnehmer mit Windsteuersystemen ausgerüstet, allein sechs Wettbewerber benutzten die von Hasler bereits in kleiner Serie gebaute HASLER-Pendelruderanlage. 1966 und 1970 wurden im Round Britain Race ebenfalls fast alle Schiffe von Windsteuersystemen gesteuert. Elektrische Autopiloten waren verboten.

1972 war das Feld der Teilnehmer für das OSTAR bereits derart groß, daß für 1976 die Teilnehmerzahl auf 100 Schiffe begrenzt wurde. Elektrische Autopiloten waren nun erlaubt, Stromerzeugung mit Einbaumotor oder Generator allerdings verboten. Viele Teilnehmer dieser Regatta nutzten bereits professionell gebaute Windsteuersysteme, im einzelnen: 12 HASLER, 10 ATOMS, 6 ARIES, 4 GUNNING, 2 QME, 2 elektrisch, 2 Hilfrsrudersysteme, 2 QUARTERMASTER, 1 HASLER Trimtab.

Die großen Hochseeregatten, einhand oder mit kleiner Crew, wären ohne Windsteuersysteme nicht durchführbar gewesen, ganz klar, daß dies starke Impulse für die professionelle Entwicklung und den Bau der verschiedensten Systeme in England, Frankreich, Italien und Deutschland gegeben hat. Die Pioniere von damals sind noch heute wohlbekannt: HASLER, ARIES, ATOMS, GUNNING, QME, WINDPILOT.

Voraussetzungen für die größere Verbreitung von Windsteuersystemen waren das Wirtschaftswunder der Nachkriegsjahre, die zunehmende Anzahl von in größeren Serien gebauten Segeljachten und die Umstellung von Holzschiffs-Einzelbauten zu Großserien-Kunststoffschiffen. Segeln war nicht länger ein Sport elitärer Kreise oder besessener Einzelkämpfer, sondern wurde zunehmend ein Breitensport. Seit 1968 haben sich in England, Frankreich, Deutschland sowie später auch in Holland Betriebe etabliert, die sich professionell mit der Konstruktion und dem Bau von Windsteuersystemen beschäftigten.

Chronologie der Markteinführung von Windsteuersystemen:
1962: Blondie Hasler, HASLER
1962: Marcel Gianoli, MNOP
1968: John Adam, WINDPILOT
1968: Pete Beard, QME
1968: Nick Franklin, ARIES
1970: Henri Brun, ATOMS
1970: Derek Daniels, HYDROVANE
1972: Charron/Waché, NAVIK
1974: Boström/ Knöös, SAILOMAT

Der erste Cockpit-Autopilot

Außerhalb der Berufsschiffahrt hatte der elektrische Autopilot seinen ersten Einsatz wahrscheinlich in den Vereinigten Staaten von Amerika. 1970 wurde der erste TILLERMASTER, als miniaturisierte Ausgabe eines Autopiloten entwickelt, für den Einsatz auf kleinen Fischerbooten, produziert. 1974 begann der Engländer Derek Fawcett, ehemals bei Lewmar als Ingenieur angestellt, mit der Produktion seiner Marke AUTOHELM. Bereits kurze Zeit später trat diese Marke insbesondere mit kleineren Schubstangen-Systemen (Cockpit-Piloten), ihren Siegeszug rund um den Globus an. Die Systeme wurden in großen Serien von der schnell 200 Mitarbeiter zählenden Belegschaft, hergestellt.

Windsteuersystem kontra Autopilot

Dieses Buch soll untersuchen, auf welche Art und Weise die unterschiedlichen Systeme arbeiten, welche Vor- und Nachteile sie besitzen, und es soll Entscheidungshilfe geben, welches System für die einzelnen Einsatzgebiete am besten geeignet ist.

Wir unterscheiden:
Autopiloten, die elektromechanisch arbeiten, und ihr Steuersignal vom Kompaß erhalten sowie Windsteuersysteme, die wind- und wassermechanisch arbeiten und ihr Steuersignal vom scheinbaren Windeinfallswinkel erhalten. Damit ist bereits die gesamte Bandbreite der Unterschiede dieser beiden Systemarten aufgezeigt.
Eine Segeljacht erhält ihren Vortrieb ausschließlich durch die Lage des Schiffes und den Stand der Segel zum Wind. Stehen die Segel nicht, gibt es keinen Vortrieb mehr. Dieser einfache Zusammenhang zeigt, daß eigentlich ein Windsteuersystem die idealen Voraussetzungen bietet, eine Segeljacht zu steuern. Es arbeitet mit exakt dem gleichen Windeinfallswinkel, der dem Schiff Vortrieb gibt. Ist dieser Winkel einmal eingestellt, ist der Vortrieb gesichert. Insbesondere

beim Segeln hoch am Wind zeigt sich, ganz augenfällig, der überragende Vorteil einer Steuerung zum scheinbaren Windeinfallswinkel: Jede noch so kleine Winddrehung, wird unmittelbar in eine Kursänderung umgesetzt, der optimale Vortrieb ist jederzeit sichergestellt. Kein Rudergänger kann derart exakt steuern.

Warum Autopiloten?
Einfach gesagt:»Sie sehen so schön aus und sind so schön klein«. Das wohl größte Verkaufshemmnis bei Windsteuersystemen, ist ihr indiskretes Erscheinungsbild.
Windsteuersysteme sind überwiegend groß und voluminös, nicht gerade ein Zierde für das Heck eines Schiffes. Darüber hinaus sind einige Systeme recht umständlich in der Handhabung, schwer von Gewicht, und bei Hafenmanövern unter Maschine, fast immer störend.
Ganz anders die Autopiloten: Nahezu unsichtbar im Cockpit oder sogar vollkommen unter Deck montiert, sind sie, einmal eingebaut, überaus einfach zu bedienen. Knopfdruck genügt. Cockpit-Piloten sind leicht von Gewicht, meist recht preiswert zu erwerben und steuern Kompaß-

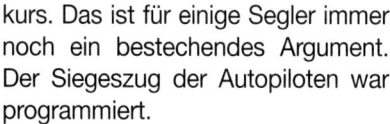

MONITOR-Pendelrudersystem.

Platzbedarf einer PACIFIC.

kurs. Das ist für einige Segler immer noch ein bestechendes Argument. Der Siegeszug der Autopiloten war programmiert.

Über viele Jahre war eine Polarisierung zu beobachten, die dazu führte, daß ein Windsteuersystem in den Siebziger Jahren zum typischen Erscheinungsbild ausschließlich von Blauwasserjachten gehörte, denn dort war Ihr Einsatz lebensnotwendig. Wenn vereinzelt Windsteuersysteme auf Schiffen montiert wurden, die ausschließlich für Urlaub und Wochenende genutzt wurden, war dies die Ausnahme. Sicherlich wurde die eine oder andere Windsteueranlage auch nur montiert, um sich den Anschein eines weitgereisten Seglers zu geben.

Der Glaubenskrieg zwischen den Befürwortern von Autopiloten und den von Windsteuersystemen hat in den vergangenen 25 Jahren heftigste Kontroversen verursacht, insbesondere, weil immer wieder hartnäckig behauptet wurde, daß man »problemlos« tonnenschwere Schiffe mit einer Null vor dem Ampère-Komma steuern könne, was nach heutigem Erkenntnisstand viel realistischer gesehen wird. Man weiß einfach, daß physikalische Gesetzmäßigkeiten nicht außer Kraft zu setzen sind, ein gewünschtes »Output« (Steuerkraft) eben ein festgelegtes »Input« (Strom/Energie), erfordert. Wer erinnert sich nicht an den »Energieerhaltungssatz« aus dem Physikunterricht?

Autopiloten

Funktionsweise

Autopiloten arbeiten kompaßabhängig. Ein durch den Kompaß verursachtes Steuersignal setzt einen Elektro- oder Hydraulikmotor in Gang. Dieser fährt eine Spindel, Stange oder einen Hydraulikzylinder ein oder aus und gibt so lange Gegenruder, bis der Kompaß nach einem Soll-Ist-Vergleich wieder Sollkurs signalisiert und ausschaltet. Es besteht ein unmittelbarer Zusammenhang zwischen:

A. Der Steuerkraft;
B. der Geschwindigkeit, mit der die Steuerkraft erbracht wird;
C. dem Stromverbrauch.

Die physikalischen Gesetzmäßigkeiten zwischen diesen Faktoren können nicht geändert werden. Der auf einer Segeljacht einzig interessante Zusammenhang: Steuerqualität (Output) / Stromverbrauch (Input) kann also immer nur ein Kompromiß sein. Niemals kann man maximale Steuerqualität zu minimalem Stromverbrauch erhalten.
Eine Entscheidung ist also angesagt, denn durch Getriebeuntersetzung kann ein Elektromotor viel Kraft langsam oder wenig Kraft schnell erbringen.

Vergleiche: Ein Auto kann im ersten Gang einen steilen Berg langsam befahren, im vierten Gang funktioniert das nicht.
Wir unterscheiden Autopiloten nach Ihrer Motorenstärke, wobei automatisch ein fester Zusammenhang zwischen der Kraft an der Schubstange und deren Arbeitsgeschwindigkeit gegeben ist. Dies ist empirisch ermittelter Stand der Technik, den nahezu alle Hersteller von Autopiloten verwenden. Einen Autopiloten mit Gangschaltung und verschiedenen Übersetzungen gibt es nicht.
Es macht praktisch keinen Sinn, die Kraft eines Elektromotors derart stark zu untersetzen (um mehr Kraft an der Schubstange zu erhalten), da dann eine Gegenruder-Bewegung zu langsam erbracht wird, um das Schiff wirkungsvoll auf den Sollkurs zurückzubringen.
Kauft man also ein Modell mit geringer Stromaufnahme für ein vergleichsweise schweres Schiff, sollte man keine »Steuerwunder« erwarten. Kauft man dagegen einen starken Autopiloten, sollte klar sein, daß keine Batterie der Welt den notwendigen Strom ohne regelmäßiges Nachladen erbringen kann.

Cockpit-Piloten für Pinnenbetrieb

Autopiloten der einfachsten Bauart sind die sogenannten Schubstangen-Systeme. Ein Elektromotor bewegt über ein Getriebe direkt eine Schubstange, die ein- oder ausfährt und damit die Pinne bewegt.

Einfache Cockpit-Piloten bestehen aus nur einem Bauteil (Modul), in dem sowohl Kompaß, als auch Motor und Schubeinheit untergebracht sind. Bei größeren Cockpitpiloten sind Bedienteil und Kompaß separate Module, die mit weiteren externen Sensoren über Datenbus vernetzt werden können. Bei AUTO-HELM-Systemen steht die Typbezeichnung ST (SEA TALK) für die Netzfähigkeit der Geräte.

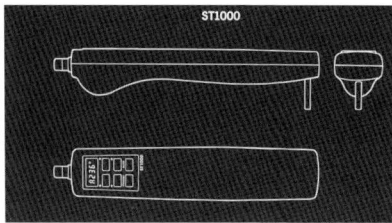

Cockpit-Pilot AUTOHELM ST 1000.

Allen Pinnen-Schubstangensystemen ist gemeinsam, daß sie nur begrenzte Kraft aufzubringen in der Lage sind, d.h. ihr Einsatz in Bezug auf die mögliche Schiffsgröße begrenzt ist. Verwendet werden hier relativ kleine (stromsparende) Elektromotoren, die ihre Kraft an der

Schubstange oder Spindel durch starke Untersetzung multiplizieren. Die Arbeitsgeräusche von Cockpit-Piloten sind unüberhörbar. Cockpit-Piloten benötigen wenig Strom, sind aber langsam in ihrer Bewegung.

Es gibt folgende Systeme:
AUTOHELM 800,
AUTOHELM ST 1000,
AUTOHELM ST 2000,
AUTOHELM ST 4000 Tiller,
NAVICO TP 100,
NAVICO TP 300.

Cockpit-Piloten für Radsteuerbetrieb

Die Charakteristika dieser Systeme sind ähnlich der oben beschriebenen, nur wird hier über Treibriemen, Zahnriemen oder Zahngetriebe auf eine am Steuerrad befestigte Rie-

Radpilot AUTOHELM ST 4000.

menscheibe die Kurskorrektur vorgenommen. Diese Systeme können vernetzt werden.

Systeme:
AUTOHELM ST 3000,
AUTOHELM ST 4000 Wheel.

Einbau-Piloten

Bei diesem Typ wirken Schubstangen- oder Hydraulik-Systeme zur Kraftübertragung direkt am Hauptruderschaft oder Quadranten. Diese Systeme verfügen über starke Motoren, die kraftschlüssig direkt das Hauptruder am Ruderquadranten drehen. Als Variante zur mechanischen Kraftkopplung mit Spindel liefert eine angeflanschte Hydraulikpumpe den Öldruck, um einen Hydraulikzylinder anzutreiben, der wiederum das Hauptruder bewegt. Diese Systemart ist für den Einsatz auf größeren Schiffen geeignet. Für Schiffe über 60 Fuß mit großvolumigen Hydraulik-Ruderanlagen werden sogenannte »Dauerläufer«-Pumpen installiert, die über Magnetventile umgesteuert werden.

Die drei Module der Einbau-Piloten

Bediengerät
Über das Bediengerät werden sämtliche Funktionen des Autopiloten

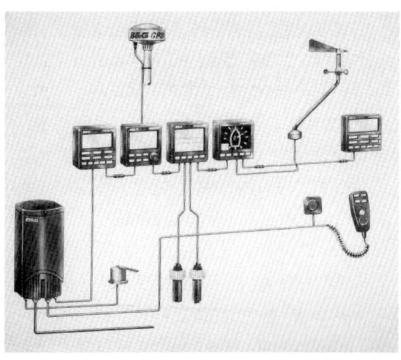

Die Module eines Einbau-Piloten, hier am Beispiel BROOKES & GATEHOUSE.

und der über Datenbus verbundenen Module aufgerufen. Zusätzliche Bediengeräte können meist beliebig montiert werden, so daß auch an anderen Orten im Schiff (zweiter Steuerstand) eine Bedienung möglich ist. Eine Handfernbedienung erweitert den Bewegungsradius an Deck. Über Joystick kann der Antrieb direkt betätigt werden.

Die Zentraleinheit besteht aus:
a. Kurscomputer
   Der unter Deck eingebaute Kurscomputer verarbeitet sämtliche Befehle und Signale, berechnet die zur Kurskorrektur notwendigen Ruderbewegungen und aktiviert die Antriebseinheit.
b. Fluxgate-Kompaß
   Ein Autopilot kann nur gut steuern, wenn das vom Kompaß gegebene Steuersignal einwandfrei und deutlich ist. Alle Hersteller verwenden einen Fluxgate-Sensor, der den Kurscomputer

mit präziser Kursreferenz versorgt. Das Steuerverhalten kann in schwierigen Situationen durch Einbau besonderer Fluxgate-Systeme optimiert werden. Autohelm verwendet sog. Gyroplus-Sensoren, Robertson einen neuartigen Elektronik-Kompaß, der durch Adaption eines Magnet-Platten-Kompasses ruhigeres Kursverhalten verspricht.

c. Ruderlagen-Anzeiger
Der am Ruder angebrachte Ruderlagen-Sensor teilt dem Kurscomputer die Lage des Ruders mit.

d. Windfahne (Option)

e. Peripherie-Geräte
Durch den Anschluß von Navigationsgeräten wie Decca, GPS, Loran, Radar, Logge und Echolot können die von diesen Sensoren gegebenen Signale ebenfalls in die notwendigen Steuerbewegungen eingerechnet werden.

Der Antrieb
Wir unterscheiden vier Optionen:

a. Linear-Schubantrieb: Elektromotor betreibt mechanisch über Getriebe die Schubstange.
Diese Antriebe sind wesensverwandt mit den Cockpit-Piloten, nur erheblich stärker ausgeführt. Je nach Einsatzbereich und Systemgröße ist es vorteilhaft, wenn die Getriebeteile in Metall ausgeführt sind, da Kunststoff im Dauerbetrieb harten Belastungen nicht immer gewachsen ist. Auto-

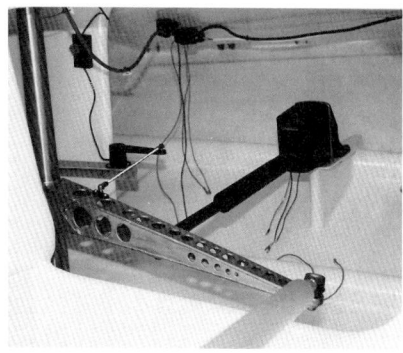

Linear-Schubantrieb von **AUTOHELM**.

helm liefert als Option für Linear-Schubantriebe die sog. Grand Prix Ausrüstung. Robertson verwendet als Standard Getriebeteile aus Metall.

b. Linear-Hydraulik-Antrieb:
Hydraulikpumpe betreibt die Schubstange.
Für Großjachten mit besonders hohem Ruderdruck werden Linear-Hydraulik-Antriebe eingesetzt, die über separat installierte Hydraulikpumpen (Autohelm,

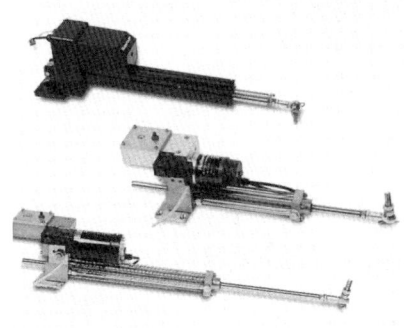

Hydraulik-Linearantriebe von ROBERTSON.

VDO), oder direkt am Schubsystem angeflanschte Pumpen (Brookes & Gatehouse, Robertson), versorgt werden. Robertson bietet darüber hinaus sog. Dual-Antriebe an, bei denen

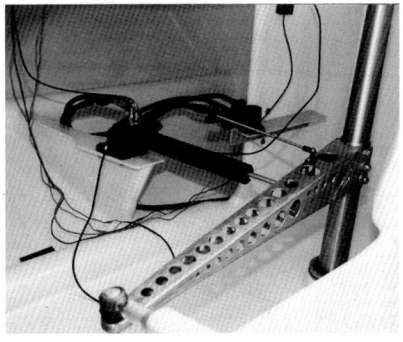

Hydraulik-Linearantrieb von AUTOHELM, eingebaut in ein ULDB.

Doppel-Linearantriebe doppelte Kraft erbringen.

c. Hydraulik-Antrieb:
Hydraulikpumpe greift in vorhandene Radsteuerhydraulik ein. Diese elektromechanisch arbeitenden Hydraulikpumpen greifen unmittelbar in vorhandene Hydraulik-Steuerungsanlagen ein. Bei Schiffen über ca. 25 t kann eine sogenannte Dauerläufer-Pumpe die zum Steuern notwendigen Kräfte erbringen.

d. Kettenrad-Antrieb:
Elektromotor betreibt über Kette das Hauptruder. Kettenantriebe werden eingesetzt, wenn die Platzverhältnisse beengt sind,

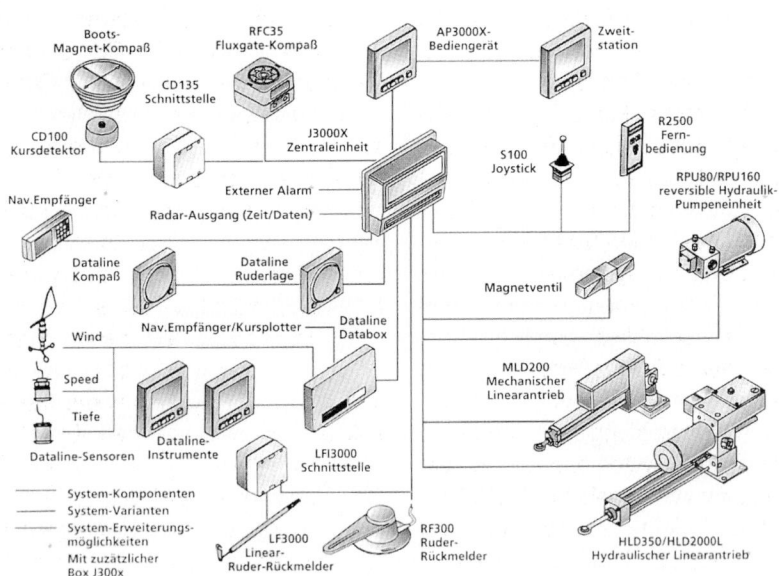

Modulvernetzung: Möglichkeiten bei ROBERTSON.

20

oder aufgrund älterer Gestänge- oder Getriebe-Radsteuerungssysteme keine anderen Systeme verwendet werden können.

Datenvernetzung

Noch vor wenigen Jahren war es der Normalfall, daß der Segler seine Ausrüstung individuell zusammenstellte. Echolot, Radar, Kompaß, Windmeßanlage, Decca, GPS, Plotter, Speedometer und Autopilot konnten sämtlich von unterschiedlichen Herstellern, jeweils als Einzelgeräte, installiert werden.

Die Situation heute:
Wenige große Systemlieferanten bieten Komplettausrüstungen an, bei denen die Anzahl notwendiger oder gewünschter Module beliebig ausgewählt werden kann. Die dazu notwendige Entwicklung einer systemeigenen Datensprache (Datenbus) war Voraussetzung für diesen Schritt. Bei anspruchsvolleren Systemen bietet ein systemeigener Kursrechner (Bordcomputer) darüber hinaus die Möglichkeit, durch Rechenfunktionen z.B. das Steuerverhalten eines Autopilot-Moduls zu optimieren. Die Entwicklung vom Gerätehersteller zum Systemanbieter ist der Grund für die ungeheure Marktkonzentration heute auf nur etwa drei große Hersteller in unserem Markt.
Wir unterscheiden drei Gruppen von Autopiloten:

a. Systeme, die ohne Datenvernetzung ausschließlich kompaß- oder windfahnenorientiert arbeiten (z.B. AUTOHELM 800),
b. Systeme, die über Datenbus mit anderen Modulen vernetzt sind (z.B. SEA TALK bei Autohelm, NETWORK bei B & G),
c. Intelligente Systeme, deren Modul-Informationen über Computer mit größerer Rechnerkapazität optimiert sind (z.B. ROBERTSON AP 300, AUTOHELM 6000/7000 oder B&G HYDRA/HERCULES).

Autopiloten arbeiten heute überwiegend als ein Modul innerhalb eines komplexen Systems, dessen Vernetzung über NMEA-Schnittstellen (National Marine Electronics Association) auch mit systemfremden Geräten erweiterbar ist. Der Gedanke, über gleiche Schnittstellen Geräte unterschiedlicher Systemlieferanten miteinander kommunizieren zu lassen, erweist sich in der Praxis allerdings häufig als Trugschluß. Mancher Segler hat bereits schmerzhaft erfahren, daß es selbst bei NMEA-Schnittstellen nun schon fast eine Handvoll verschiedener Standards gibt. Und im Ernstfall ist natürlich immer der jeweils andere Gerätelieferant schuldig an den »Sprachschwierigkeiten«.
Das durch Fluxgate-Kompaß gegebene Steuersignal eines Autopiloten kann, optimiert durch im Netzverbund arbeitende Navigationsmodule, durchaus ein Schiff von Wege-

Navigationsplatz mit AUTOHELM-Modulen.

punkt zu Wegepunkt steuern, wenn nicht die Abhängigkeit jeder Segeljacht von der Windrichtung jede diesbezügliche Planung zunichte machen würde.

Der Windfahnensensor

An fast allen Autopiloten kann ein Windfahnensensor angeschlossen werden, um das Steuersignal des scheinbaren Windeinfallswinkels zu nutzen. Dieser Impuls kommt entweder vom Windrichtungsanzeiger im Masttopp, oder von einer kleinen Windfahne im Heck. Beide Sensoren liefern bei Seegang weniger befriedigende Signale, da ihre Bewegungen im Masttopp durch starke Schiffsbewegungen und im Schiffsheck durch Abwinde stark gedämpft und beeinflußt werden müssen, um ein lesbares Signal geben zu können. Die geringen Abmessungen dieser Windfahnen sind dabei häufig Ursache für Störeinflüsse. Wenn dennoch

der scheinbare Windeinfallswinkel durch Rechenfunktionen im praktischen Betrieb eingerechnet wird, sollte der Segler sich darüber im klaren sein, wieviele Daten hier verarbeitet werden, um exakte und stimmige Kursbefehle an die Steuereinheit geben zu können: Schlingerbewegungen, Stampfbewegungen, Geschwindigkeit, Beschleunigung, Windeinfallswinkel und ggf. wahre Verhältnisse am Meßpunkt erfordern einiges Geschick vom Kurscomputer. Die Wichtigkeit des Segelns zum scheinbaren Windeinfallswinkel sollte jederzeit klar sein, da andernfalls der Vortrieb des Schiffes dahin ist.

Stromverbrauch

Nach der Wahl eines Autopiloten und der damit vorgegebenen Verbrauchsgröße, sind folgende Faktoren mitentscheidend für den tatsächlichen Stromverbrauch:

a. Schiffsgröße/-Gewicht: Je mehr Schiff bewegt werden muß, desto größer ist der Stromverbrauch.

b. Rudertyp: Ein am Kiel angehängtes Ruder erfordert größeren Kraftaufwand, da es nicht balanciert werden kann. Ein Ruder am Skeg kann unter dem Skeg einen Balanceanteil ausweisen und ist daher leichter zu steuern. Ein voll balanciertes Spatenruder ohne Skeg kann mit geringstem Kraftaufwand gedreht werden.

c. Reaktionsgeschwindigkeit, mit der Gegenruder gegeben werden muß. Dies hängt von der Kursstabilität des Schiffes, also auch von seinen Unterwasserlinien ab.

d. Segeltrimm, Luvgierigkeit: Bei schlechtem Segeltrimm und ständiger Luvgierigkeit hat der Autopilot immer größere Last zu tragen als bei ausgeglichen laufendem Schiff.

e. Seegangsverhältnisse: Höherer Seegang und stärkere Gierbewegungen des Schiffes, verlängern die Arbeitszeit des Autopiloten.

f. Gewünschte Steuergenauigkeit: Je genauer ein Kurs gesteuert werden soll, desto häufiger muß der Autopilot arbeiten.

Stromsparen, aber wie?

Sind alle oben genannten Komponenten optimal abgestimmt, ist der durchschnittliche Stromverbrauch also weitgehend reduziert, gibt es nur noch einen Weg, den Verbrauch weiter zu reduzieren: Der Kurs muß weniger häufig korrigiert werden. Praktisch heißt das, daß der Gierwinkel, den das Schiff laufen darf, bevor der Autopilot anspringt, vergrößert wird, das Schiff also in einem größeren Bereich ungesteuert bleibt.

Alle Hersteller von Autopiloten rüsten ihre Systeme heute mit einer Software aus, die gewisse Regelmäßigkeiten in Gierbewegungen erkennt, um den Arbeitszyklus zu verkürzen, die Einschaltzeiten des Motors zu minimieren und frühzeitig Gegenruder geben zu können, um eine Hartruderlage zu vermeiden. Im Zusammenwirken mit der manuell zu regelnden Weite des Gierwinkels ist hier allerdings das »Ende der Fahnenstange« in Bezug auf weitere stromsparende Maßnahmen erreicht.

Bei der Ausrüstung einer Jacht für große Fahrt zeigt sich bei der Planung der Stromversorgung sehr schnell der Unterschied zwischen Theorie und Praxis. Hier ist Energiemanagement vonnöten, da jeder Energieverbrauch an Bord zuvor auch dort erzeugt werden muß. Die Differenz zwischen Herstellerangaben zum durchschnittlichen Stromverbrauch und den tatsächlichen Einschaltzeiten ist enorm, da die Praxis eben einfach anders aussieht und der tatsächliche Stromverbrauch immer höher ist.

Ein Schiff, das lediglich mit Echolot, Hand-GPS, Petroleumlampe unter Deck und ohne Kühlbox unterwegs ist und dabei von einem Windsteuersystem gesteuert wird, gerät kaum je an die Grenze seiner Batteriekapazitäten, da eben der notwendige Stromverbrauch auf ein Minimum beschränkt wurde. Der Alltag durchschnittlich ausgerüsteter Fahrtenjachten dagegen sieht heute anders aus. Bei aufmerksamer Betrachtung der alljährlich im Herbst die Kanarischen Inseln passierenden Flotte der ARC-Teilnehmer wird deutlich: Die durchschnittliche Größe der Schiffe wuchs allein in den vergangenen zehn Jahren auf zuletzt etwa 44 Fuß. Schiffe unter 10 m waren an einer Hand zu zählen. Der Ausrüstungsstandard war überwiegend hoch.

Eine Auflistung der fast überall vorhandenen Geräte (Navigationsinstrumente wie GPS, Plotter, Radar, UKW- und SSB-Gerät, Kühlschrank, Radio, Pumpen, Wassermacher, Innen- und Außenbeleuchtung) mit ihrem durchschnittlichen Stromverbrauch in 24 Stunden in wärmeren Erdregionen und auf einem 44-Fuß-Schiff ergibt bereits ohne elektrischen Autopiloten ca. *120 Ah.*

Ohne hier mehr ins Detail zu gehen, wird sehr schnell deutlich, daß die Energiebilanz einer Segeljacht einer sorgfältigen Planung bedarf. Das Vorhandensein eines Autopiloten beeinträchtigt diese Planung außerordentlich stark, insbesondere wenn ein System gewählt wird, das mehr mit Blick auf gute, d.h. starke Leistung eingebaut wird, als mit Blick auf günstigen Stromverbrauch. Es gibt Fachbücher, die sich ausschließlich mit Energiemanagement an Bord befassen. Skipper, die diesem komplexen Thema zuwenig Sorgfalt widmen, werden auf See schon mal an Tatsachen erinnert. Zum Beispiel daran, daß der 24-Stunden-Einsatz des Autopiloten-Typs, der vom Hersteller für eine 44-Fuß-Jacht empfohlen wird, noch mal mit der Hälfte des Gesamtstromverbrauchs zu Buche schlägt, da er zwischen 2,7 bis 6 A pro Stunde benötigt. Zu berücksichtigen ist in diesem Zusammenhang, daß beim Unterschreiten der Spannung von 10,5 Volt einige Geräte im Bordnetz ihren Dienst einstellen. So gesehen ist auch eine scheinbar große Batteriekapazität von 600 Ah nicht mehr so groß. Selbst das Vorhandensein von Wind-, Wasser-, Wellen- oder Solar-Generatoren kann nicht darüber hinwegtäuschen, daß bei Betrieb eines Autopiloten täglich u.U. einige Motorstunden erforderlich sind, um den notwendigen Strom zu erzeugen. Der bekannte Weltumsegler und Regatta-Organisator Jimmy Cornell hat dies im Anschluß der von ihm durchgeführten EUROPA 92-Regatta in einer Skipper-Befragung ebenfalls bestätigt.

Jede Störung und jeder Geräteausfall zusätzlich vorhandener Generatoren bedeuten automatisch noch längere Motorlaufzeiten. Bei schlecht isolierten Maschinenräumen ist das eine unangenehme Störung des ruhigen Bordalltags.

Die Energiebilanz auf einem Schiff, das nur für Urlaub- und Wochenende genutzt wird, stellt sich hingegen sehr viel entspannter dar, da hier ohnehin häufiger motort wird und über Landstrom leichter nachgeladen werden kann.

Einstellmöglichkeiten am Beispiel von AUTOHELM 6000/7000

1. Der Ruderwinkel ist in 9 Stufen zu variieren, um festzulegen, wieviel Ruderlage gegeben werden soll,

um auf Sollkurs zurückzukommen. Ein zu hoch eingestellter Ruderwinkel führt zum Übersteuern, ein zu niedrig eingestellter zum Untersteuern des Schiffes.

2. Die Gegenruderbewegung ist in 9 Stufen einzustellen, um eine Dämpfung der Gierbewegungen zu erreichen.

3. Im Ruderlagenanzeiger kann die Mittschiffsposition des Ruders von –7 bis +7 Grad eingestellt werden.

4. Die Ruderlagenbegrenzung verhindert, daß der Autopilot mit voller Kraft an seine Endpunkte fährt und dabei mechanisch zerstört wird.

5. Die Ruderlagengeschwindigkeit steht im Verhältnis zur Geschwindigkeit, mit der das Schiff dreht, wenn der Autopilot Kursänderungen einleitet.

6. Die Durchschnittsgeschwindigkeit des Schiffes kann im Bereich von 4 - 60 kn eingestellt werden (Segel- oder Motorjachten).

7. Der Kursalarm ist einstellbar; er warnt, wenn das eingestellte Limit in Grad vom Sollkurs länger als 20 Sek. überschritten wird.

8. Der Trimm ist in vier Stellungen einstellbar; er regelt automatisch den zusätzlichen Ruderausschlag, der z.B. durch einseitigen Propellerdruck nur beim Motoren notwendig ist.

9. Der Joystick-Betrieb ist in zwei Positionen einstellbar. Das ist für Segeljachten weniger wichtig.

10. Die Antriebsart ist einstellbar für Linear-Schubantriebe oder Hydraulikantriebe.

11. Der Ansprechwinkel ist in 9 Stufen einstellbar; er regelt, daß bei Schlupf oder Spiel im Steuersystem der Autopilot erst entsprechend später reagiert.

12. Die Kompaß-Mißweisung kann gemäß Seekarte eingegeben werden.

13. Die automatische Nord-Süd-Anpassung kann eingestellt werden, damit auch in Gebieten ungenauer Nordorientierung der Kompaß ein einwandfreies Signal erhält.

14. Die Reaktionsgeschwindigkeit ist in drei Werten einstellbar. Je höher der eingestellte Wert, desto genauer das Steuerverhalten, und infolgedessen desto höher der Stromverbrauch.

Sämtliche hier erwähnten Einstellungen sind vom Werk eingegeben. Sie müssen und können an Bord des jeweiligen Schiffes individuell verändert werden.

Zusammenfassend kann also gesagt werden, daß jeder Autopilot-Typ in dem durch seine technische Grundausstattung vorgegebenem Spektrum eine gewisse Steuerqualität leistet, die niemals überschritten werden kann. Durch sorgfältigen Schiffstrimm kann allenfalls der Arbeitszyklus vergrößert, also der Stromverbrauch reduziert werden. Eine gewünschte größere Steuergenauigkeit bedeutet automatisch mehr Gegenruderbewegungen, also erhöhten Stromverbrauch.

Grenzen der Einsetzbarkeit von Autopiloten

Beim Segeln hoch am Wind und an der Kreuz hat jeder Autopilot seine Grenze schnell erreicht, da kleine Winddrehungen nicht erkannt werden (die Segel kommen back). Um diese Kurse mit Autopilot steuern zu können, muß das Steuersignal deutlich voller eingestellt werden, was gleichbedeutend mit Verlust an Höhe ist. Die Verwendung der Windfahne als Geber für das Steuersignal ist nicht immer befriedigend (s.o.).

Blauwassersegeln heißt Wind von achtern. Jeder Segler kennt die Barfußrouten um die Welt, macht sich Passatwinde, die seit Menschengedenken mit gewissen Regelmäßigkeiten nahezu fahrplanmäßig auftreten, zunutze, und träumt vom bequemen Segeln vor dem Wind.

Für unser Thema bedeutet das: Raumschot-Kurse sind ein Muß für jeden Autopiloten, wie auch für jede andere Art von Selbststeuerung. Nun wird kein praxiserfahrener Segler von seinem Selbststeuersystem Wunder erwarten, z.B. eine Steuergenauigkeit von 5 Grad im Passat und bei hoher nachlaufender Welle. Andererseits nützt es aber auch wenig, wenn der Generalkurs mit Gierbewegungen von 100 Grad gesteuert wird. So kommt man zwar an, aber nicht dort, wo man hin will.

Wer auschließlich mit Autopilot gut steuern will, dem bleibt nur die Wahl eines starken und schnellen Systems. Nur dieses wird in der Lage sein, unter allen Wind- und Seegangsumständen gute Steuerresultate abzuliefern. Dabei treten nahezu zwangsläufig Überlegungen hinsichtlich des Stromverbrauchs in den Hintergrund.

Beim Blick auf die Strombilanz des täglich notwendigen Energiebedarfs wird sich jeder Segler einfach entscheiden müssen, welcher Weg für ihn der richtige ist.

Häufig werden Autopiloten mit Blick auf die Strombilanz eher etwas unterdimensioniert gekauft. Damit wird die Einsetzbarkeit dieser Systeme bei zunehmenden Seegangsstärken zwangsläufig schlechter, da sie mit immer nur gleicher Kraft und gleicher Geschwindigkeit auf die veränderten, härteren Einsatzbedingungen reagieren. Am Ende sind sie dann nicht mehr in der Lage, das Schiff auf Kurs zu halten, da sie überfordert sind und zu langsam, zu spät und zu wenig Gegenruder geben.

Bei Cockpit-Piloten genügt ein Blick auf die jeweilige Arbeitsgeschwindigkeit und Schubkraft der unterschiedlichen Systeme, um zu erkennen, welche Steuerleistung erwartet werden kann.

Extremsegeln

Beim Segeln in Bereichen unsicherer Nordweisung des Kompaß kann ein Autopilot nicht mehr steuern. Dies erfahren die Extremsegler in Regatten wie BOC und Vendée Globe regelmäßig in hohen Breitengraden im Südpazifik, wenn die Autopiloten schlicht aussetzen, weil ihnen die klare Nordorientierung fehlt. Auf einen diesbezüglichen Hilferuf per Fax an den Hersteller seiner Robertson-Anlage, erhielt Nandor Fa, Skipper der ungarischen *K & H BANK* im Vendée Globe (einhand und nonstop um die Welt) folgendes Antwort-Fax:»Bitte drehen Sie in ruhigem Wasser drei Vollkreise innerhalb weniger Minuten, dann findet der Kompaß erneut seine Orientierung«.

Nandor Fa an Bord seiner *K&H BANK*.

Ein Ratschlag, der angesichts chaotischer Seegangsbedingungen im Südpazifik nicht realisierbar erschien. Es hat einige Tage ausdauernden Steuerns von Hand bedurft, bis Nandor Fa auf die Idee kam, den Kompaß auszubauen und ihm von Hand zu drei relativ ruhigen Umdrehungen zu verhelfen. Seit diesem Vorfall verwendet Nandor Fa Autohelm-Systeme, die heute eine spezielle Software aufweisen. Diese verhilft dem Kompaß auch bei ungünstiger Nord-Orientierung zu klaren Steuersignalen. Der enge Schulterschluß zwischen dem Hersteller und den Extremseglern von Vendée Globe und BOC garantiert ständige Verbesserungen und Weiterentwicklungen der Systeme. Nahezu sämtliche Schiffe in diesen Regatten werden heute von Autohelm-Systemen gesteuert.

Auch die Ausrüstung von auf Blauwasser-Törns genutzten Autopiloten mit verstärkten Getriebeteilen ist Ergebnis der Erfahrungen bei diesen Extremregatten. Autohelm bietet seit 1996 für die Systeme der Reihe 4000/6000/7000 die sogenannte GRAND-PRIX-Serie (GP) an. Die Antriebsteile in den Schubeinheiten sind hier statt in DELRIN (Kunststoff) nun in Metall ausgeführt. Daß Antriebsteile aus Kunstoff hohen mechanischen Belastungen einfach nicht gewachsen sind, haben in den vergangenen Jahren einige Skipper auf großer Reise leidvoll erfahren müssen. Für Urlaub- und Wochenend-Nutzung ist der Einsatz von Kunststoff-Antriebsteilen jedoch unbedenklich, da Überbeanspruchungen hier selten auftreten. Systeme, deren Antriebseinheiten hydraulisch arbeiten, sind in dieser Hinsicht uneingeschränkt belastungsfähig, da mechanische Antriebsteile nicht vorhanden sind (Autohelm 6000/7000 mit Hydraulik-Linear- oder Hydraulikantrieb, B & G NETWORK, HYDRA 2, Robertson, VDO).

Einsatzgebiete

Urlaub- und Wochenendsegeln

Die große Mehrheit aller Segler betreibt ihren Sport als Urlaub- und Wochenendhobby. Dies hat zu der rasanten Verbreitung von elektrischen Autopiloten geführt. Bei Tagestörns gibt es kaum Energieprobleme, und auch die Qualität der Steuerergebnisse stellt kein großes Problem dar, da jederzeit von Hand gesteuert werden kann. Seegangshöhe beeinträchtigt die Steuerqualität wenig, denn es wird überwiegend in geschütztem Seeraum gesegelt. Überhaupt steuert der Normalsegler recht gern von Hand, weil es Spaß macht. Ein Autopilot bedeutet Komfortgewinn, beispielsweise wenn motort werden muß oder zusammen gegessen wird. Er ist erschwinglich, solange es sich um im Cockpit montierte Systeme handelt. Autohelm-Systeme, insbesondere die Gruppe der Cockpit-Piloten sind in diesem Marktsegment weltweit führend, ihr Marktanteil liegt bei etwa 90%. Kein anderer Hersteller hat sich für diesen Anwendungsbereich derart spezialisiert.

Die Törnlänge bestimmt den Wichtigkeitsgrad des Autopiloten: Ist der Törn kürzer, wird mehr von Hand gesteuert; dauert der Törn länger, wird Rudergehen ermüdend, und der Autopilot wird eingeschaltet.

Der durchschnittliche Ausrüstungsgrad von Autopiloten in der Gruppe der Urlaub- und Wochenendsegler ist hoch, die tatsächliche Nutzung eher geringer.

Küstensegeln

Küstensegeln im offenen Seeraum führt schon über größere Distanzen. Steuern von Hand mit kleiner Crew wird zunehmend ermüdend, und die Steuerqualität des Autopiloten gewinnt an Wichtigkeit. Allerdings beeinträchtigen Seegangsverhältnisse das gute Funktionieren des Systems durch den Einfluß von Tidenströmen, Untiefen, Seegaten sowie schralenden Winden: Die See wird ruppig, der Wellenrhythmus kürzer und höher. Der Autopilot muß hart arbeiten, um das Schiff auf Kurs zu halten. Ganz klar, daß hier die Grenzen dieser Systeme schon mal zu erkennen sind. Intelligente, lernfähige Systeme werden mit schwierigen Seegangsverhältnissen naturgemäß besser fertig, als vom Werk vorprogrammierte, nicht adaptiv arbeitende Geräte.

Der Ausrüstungsstand mit Autopiloten ist hier sehr hoch. Mit der Wichtigkeit guter Steuerergebnisse steigt der Anteil starker, direkt aufs Hauptruder unter Deck montierter Systeme (Einbau-Piloten). Steuerungsmängel zu schwach gewählter Systeme werden schnell erkannt. Der Stromverbrauch steigt, kann aber in der Regel in der Energiebilanz ohne zusätzliche Maßnahmen aufgefangen werden, da in überschaubaren Abständen motort wird.

Blauwassersegeln

Beim Blauwassersegeln schlägt die »Stunde der Wahrheit« für jeden Autopiloten. Wurde das System zu schwach gewählt, wird die Gierbewegung des Schiffes größer, da das System zu spät, zu schwach und zu langsam Gegenruder gibt. Die Gefahr des Aus-dem-Ruder-Laufens läßt jedem Segler die Haare zu Berge stehen, da Schäden an Rigg und Schiff die Folge sein können. Mancher Segler hat unnötig lange das Ruder selbst in der Hand gehalten, weil er seinem System nicht traute.

Beim Segeln mit kleiner Crew, zu zweit oder gar allein ist die richtige Wahl eines Autopiloten eine Überlebensfrage: Wurde das falsche System gewählt, ist die gesamte Törnplanung in Frage gestellt. 1000 Meilen Seesegeln zeigen unwiderruflich auf, wieweit Theorie und Praxis auseinanderliegen können.

Unzählige Segler haben in Gibraltar oder Las Palmas die Ausrüstung ihrer Schiffe überdacht und Back-Up-Systeme installiert, Reserveteile gekauft, oder sich für den Anbau einer Windsteueranlage zusätzlich zum vorhandenen Autopiloten entschieden, weil ihnen die ungeheure Wichtigkeit einer guten Selbststeuer-Ausrüstung nach dem ersten langen Törn klargeworden ist. Nicht umsonst werden viele Windsteuersysteme von Hydrovane und Windpilot an den strategisch wichtigen Ecken unseres Kontinentes in Vilamoura, Gibraltar und Las Palmas ausgeliefert.

Blauwassersegler verfügen zu 100% über Autopiloten. Die tatsächliche Nutzungsdauer ist jedoch, veranlaßt durch systembedingte Grenzen der Einsatzmöglichkeit (zu schwach ausgelegte Systeme oder mechanische Ausfälle) geringer. In der Praxis ist in diesem Fall Steuern von Hand angesagt, was unangenehm für jeden Wachgänger und störend im Bordalltag ist. Auch bei Schwerwetter kann in bestimmten Situationen nur noch der menschliche Rudergänger das Schiff sicher steuern, da die Leistungskurve elektrischer Autopiloten mit zunehmendem Wind und größeren Seegangshöhen bei einigen Systemen abnimmt, und außerdem der Autopilot keine Augen hat und brechende Seen nicht erkennen und ihnen ausweichen kann.

Jimmy Cornell, der Veranstalter von internationalen Fahrtenseglerregatten, hat in seiner Befragung nach der Regatta um die Welt EUROPA 92 herausgefunden, daß insgesamt lediglich ca. 50 % der Zeit auf See automatisch gesteuert wurde und die restliche Zeit manuell. Dies geschah entweder um schneller zu sein oder um mehr Segelfläche tragen zu können oder einfach, weil in härteren Umständen vorhandene Steuersysteme zu schwach ausgelegt waren; manchmal aber auch nur, weil das Zutrauen in die Technik gefehlt hat. Fast alle Skipper nutzten den Autopilot beim Flautenmotoren, selbst wenn sie beim Segeln von Hand gesteuert haben.

Blauwassersegeln heißt, wie schon erwähnt, Wind von achtern und lang nachlaufende Seen. Beides stellt höchste Anforderungen an jeden Autopiloten. Er muß schnell und stark Gegenruder geben. Der Stromverbrauch steigt proportional stark an und beeinträchtigt die Energiebilanz nachhaltig. Darum wird jeder verantwortungsbewußte Segler sein Energiekonzept sorgfältig ausarbeiten müssen, wenn er auf seiner Reise sein Schiff ausschließlich mit Autopilot steuern will. Bei der EUROPA 92 betrug der durchschnittliche Stromverbrauch der Autopiloten ca. 4,9 Amp/Std., die durchschnittliche Schiffsgröße lag zwischen 42 - 50 Fuß.

An dieser Stelle soll nicht unerwähnt bleiben, daß insbesondere beim Blauwassersegler die elektromechanische Zuverlässigkeit von Autopiloten immer wieder zu wünschen übrig läßt, was dann in der Praxis gleichbedeutend ist mit Totalausfall und Steuern von Hand. Wer einmal in Las Palmas im ARC-Büro am Schwarzen Brett die Liste der Segler, die Servicebedarf für Autopiloten anmelden, gesehen hat, wird zumindestens nachdenklich. Es ist sicherlich einleuchtend, daß bei zunehmend größerem Energie-Kreislauf mit vielen verschiedenen Komponenten die Wahrscheinlichkeit eines Störfalls zunimmt. Bereits der Ausfall nur eines u. U. winzigen Bausteins kann den Zusammenbruch des Systems bedeuten. Die Farbe schwarz für Cockpit-Piloten der Autohelm-Systeme ist in tropischen Gewässern äußerst ungünstig, da die thermisch bedingten Betriebstemperaturen derart ansteigen, daß Störfälle eintreten können. Dann hilft dem Segler in der Sonne manchmal nur ein Topf weiße Farbe!

Es ist schon beeindruckend, zu sehen, wie insbesondere in der Gruppe der Liveaboards (der auf Weltreise befindlichen Segler), die Rückbesinnung auf nahezu puristische Ausrüstung eines Schiffes immer mehr Raum gewinnt. Dabei zeigt sich dann die Wichtigkeit guter Selbststeuer-Ausrüstung. Lorenz Findeisen, seit vielen Jahren in der Karibik vagabundierender Ex-Apotheker, hat auf die Frage, welche Erfahrungen er mit seiner Ausrüstung gemacht habe, lapidar gesagt: »... alles schon kaputt gewesen. Ist aber nicht wichtig, solange Ankergeschirr, Kocher und meine Windsteueranlage funktionieren und ich segeln kann.«

Im Marktsegment der Einbau-Piloten ist Autohelm Marktführer. Robertson, mit der Erfahrung als Systemlieferant für die Großschiffahrt, folgt wohl an zweiter Stelle und B & G, als Hersteller ausgefeilter Meßinstrumente für Regatta-Schiffe, rüstet als Systemlieferant in diesem Segment viele Schiffe mit seinen Systemen NETWORK und HYDRA 2 aus.

Regattasegeln

Beim Regattasegeln unterscheiden wir zwei Kategorien:
A. Schiffe mit voller Besatzung: Sie werden ausschließlich von Hand gesteuert; dies gilt bei Küsten- und Seeregatten bis hin zur wohl berühmtesten Regatta um den Globus, dem Whitbread. Die teilnehmenden Schiffe sind extrem in allen Bereichen: extrem in Bezug auf Ihre Ultralight-Bauweise (ULDB), die schnelle Surfs ermöglicht, extrem in Bezug auf ihre Riggs, die äußerst trimmempfindlich und überdimensioniert sind und extrem in Bezug auf Ihre Zielsetzung, ständig größtmögliche Geschwindigkeit zu segeln. Es ist ein kräftezehrender Sport, der alle Crewmitglieder bis aufs äußerste fordert; bei Regatten, bei denen Sponsoren den werbewirksamen Einsatz für ihr Produkt erwarten, häufig darüber hinaus. Wenn auf diesen Schiffen Autopiloten eingesetzt werden, dann ausschließlich rechnergestützte Systeme (z.B. B&G HYDRA/HERCULES, AUTOHELM 6000/7000 oder

Vendée Globe – der Start im November 1992.

ULDB *Charente Maritime.*

Robertson AP 300 X), die »intelligent« arbeiten können.

B. ULDB-Jachten in Einhand-Regatten: Im Vendée Globe, das alle vier Jahre in Les Sables d'Olonne (Frankreich) startet, werden alle Schiffe (50- und 60-Fuß-Klassen) ausnahmslos von elektrischen Autopiloten auf ihrem schnellen Ritt um den Globus gesteuert. Die Hersteller elektrischer Autopiloten haben hier ihr interessantestes Testgebiet, da die Systeme ausnahmslos härtesten Beanspruchungen ausgesetzt sind und ein alternativer Einsatz von Windsteuersystemen kaum möglich ist (siehe Einsatz von Windsteuer-Systemen auf ULDB-Jachten).
Auch im BOC Race (Einhand um die Welt in Teilstrecken) werden sämtliche Schiffe überwiegend von Autopiloten gesteuert, lediglich einige ältere und langsamere Schiffe haben zusätzlich Windsteuersysteme als Back-Up-System montiert.

Auf ULDB-Jachten sind meist keine Antriebsmaschinen vorhanden, der Stromkreislauf wird über Generator, Solarzellen sowie Windgeneratoren aufrechterhalten. Autopiloten sind zu 100% montiert und werden fast zu 100% eingesetzt. Zum Einsatz kommen ausschließlich starke Systeme mit intelligenter Technik, die in der Lage sind, die notwendigen Ruderausschläge mit großer Geschwindigkeit zu liefern. Nur so lassen sich diese bis zu 25 kn schnellen Schiffe auf Kurs halten. Wenn dennoch über Monate hinweg die Skipper dieser Schiffe sich einen Wach-Schlafrhythmus von jeweils nur 10 Minuten auferlegen, geschieht dies immer mit Blick auf die Sicherheit des Schiffes und schnelle Etmale. Nandor Fa hat bei einem Vendée Globe insgesamt 12 kg verloren und weiß nur zu genau, daß der Körper derartige Strapazen nicht vergißt.
In der Szene der Extremsegler ist Autohelm sehr stark repräsentiert. Das ist sicherlich das Ergebnis besonderer Anstrengungen in diesem Bereich. Regelmäßige Präsenz vor, während und nach dem Race sowie erhebliche Service-Anstrengungen und enge Tuchfühlung zu den Teilnehmern haben diesen Erfolg nicht vom Himmel fallen lassen.

Windsteuersysteme

Windsteuersysteme erhalten ihr Steuersignal vom scheinbaren Windeinfallswinkel. Dies ist vorteilhaft, da der Vortrieb einer Segeljacht ebenfalls aus der Lage zum scheinbaren Wind erzeugt wird.

Sind die Segel einmal eingestellt, die Windfahne auf diesen Winkel zum Wind eingerichtet, wird das Schiff immer diesen Winkel weitersteuern. Optimale Segeleigenschaften sind damit jederzeit gewährleistet. Für jede Törnplanung ist die Windrichtung immer der wichtigste Faktor. Ein Törn von A nach B ist angenehm, wenn der Wind von achtern kommt, der Kurs direkt angelegt werden und auf kürzestem Weg gesegelt werden kann. Kommt der Wind von vorn, kann kein Kompaßkurs gesegelt werden, da gekreuzt werden muß. Noch einmal: Was nützt der Kompaßkurs, wenn die Segel backstehen.

Die drei Elemente von Windsteuersystemen sind Windfahne, Getriebe und Ruder. Wir wollen nun nacheinander die einzelnen Elemente betrachten.

Die Windfahne

Die Windfahne gibt das Steuersignal der Windsteueranlage. Sie bezieht ihre Energie aus dem scheinbaren Wind, der die Fahne in einem bestimmten Anstellwinkel anströmt. Wir unterscheiden zwischen V-Windfahne und H-Windfahne.

Die V-Fahne

Die V-Windfahne dreht um eine Vertikalachse (Prinzip der Wetterfahne), sie wird vom Wind immer exakt von vorn angeströmt, d.h. ihre wirksame Windfahnenoberfläche ist immer recht gering. Beim Außerkurslaufen des Schiffes wird die Windfahne maximal um die Gradzahl verdreht, die das Schiff außer Kurs gelaufen ist. Die Kraft dieses Steuersignals ist relativ begrenzt, da kein großes Drehmoment erzeugt wird.

Verstellbarkeit

Die Verstellbarkeit der V-Fahne zur Windrichtung ist denkbar einfach: Ausgekuppelt steht sie immer exakt

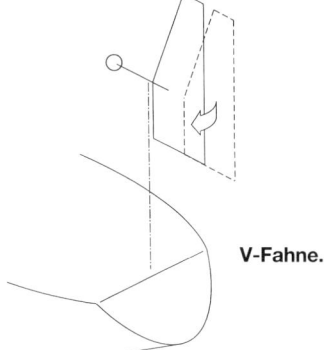

V-Fahne.

im Wind, muß also nicht besonders eingestellt werden. Die Verstellbarkeit in Bezug auf unterschiedliche Windstärken wird durch einfaches Rein- und Rausschieben auf ihrer Halterung erreicht : Vergrößerung des Abstandes von der Windfahnenachse (längerer Hebelarm) = Kraftverstärkung bei Leichtwinden. Verkleinerung des Abstandes (kleinerer Hebelarm) = Starkwindposition, insbesondere um Vibrationen der Fahne bei Starkwind zu verhindern.

Profilierung

V-Fahnen werden immer laminar vom Winde angeströmt, d.h. der beste Wirkungsgrad wird erzielt, wenn sie strömungsgünstig profiliert oder keilförmig mit Strömungsabrißkante ausgeführt sind. Dies bedeutet aufwendige und teure Bauweise und natürlich größeres Gewicht. Das ist der Grund, warum kaum ein Hersteller profilierte Fahnen verwendet.

Fläche

V-Windfahnen sind in ihrer Fläche relativ groß (bis zu 1 qm), um befriedigende Steuersignale und die notwendige Steuerkraft zu liefern.
Sie benötigen aufgrund ihrer Größe und ihres Drehkreises am Heck recht viel Freiraum. Achterstagen, Besanbäume oder Davids sind da schnell im Weg.

Gegengewicht

Die relativ großen und dadurch schweren Windfahnen sollten insbesondere in der Leichtwind-Position durch ein Gegengewicht perfekt ausbalanciert sein, da sonst die Schräglage des Schiffes einen Steuerimpuls verursacht. In der Starkwindposition, also dicht am Windfahnenschaft, ist dies nicht kritisch, da die Kraft des Windes in der Fahne nun groß genug ist, um Störungen durch Schiffsbewegungen auszuschließen.

Verwendung

V-Fahnen werden eingesetzt bei: HASLER, RVG, SAYE'S RIG, SCHWINGPILOT, WINDPILOT.

Die H-Fahne

Funktionsweise

Diese Windfahne dreht sich um eine Horizontalachse: Exakt im Wind, d.h. von ihrer Stirnseite angeströmt, steht sie aufrecht, bei seitlicher Anströmung, beim Außerkurslaufen, klappt sie zur Seite. Die Besonderheit dieser Windfahne besteht darin, daß sich die wirksame Windfahnenfläche bei seitlicher Anströmung erheblich

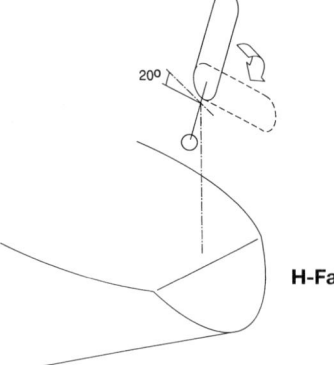

H-Fahne.

H-Fahne PACIFIC.

vergrößert, da sie nicht mehr nur mit ihrer Stirnseite, sondern flächig vom Winde angeströmt wird. Darum ist die Hebelwirkung einer H-Windfahne erheblich stärker, man spricht von ca. 5,6fachem Wirkungsgrad gegenüber einer V-Fahne.

Verstellbarkeit

H-Fahnen sind nahezu ausnahmslos in ihrer Neigung verstellbar. In aufrechter Stellung bietet die Fahne dem Wind die größte Angriffsfläche, was bei Leichtwinden vorteilhaft ist. Bei zunehmender Windstärke kann die Fahne nach hinten, vom Winde weg, geneigt werden, wodurch die seitlichen Ausschläge verringert werden und die Anlage ruhiger arbeitet.

Profilierung

Die Profilierung einer H-Fahne ist nicht sinnvoll, da sie ihre besondere Kraft durch einseitigen Druck des Windes auf eine Seite der Fahne erhält.

Gegengewicht

Die H-Fahne muß durch ein Gegengewicht perfekt ausbalanciert sein, d.h. das Gegengewicht sollte nur sehr geringfügig schwerer sein als die zu balancierende Fahne. 10 - 30 Gramm sind genug, da andernfalls Schiffsbewegungen der Windfahne Fehlinformationen geben.

Fläche

Der erheblich größere Wirkungsgrad der H-Fahne ist der Grund, warum die Oberfläche einer H-Windfahne deutlich kleiner dimensioniert werden kann. H-Fahnen der Pendelrudersysteme fast aller Hersteller besitzen eine Fläche von 0,17 qm. H-Fahnen der Hilfsrudersysteme besitzen eine Fläche von ca. 0,25 qm.

Die Verwendung unterschiedlich großer Fahnen für Leicht- oder Starkwind ist nur dann sinnvoll, wenn gleichzeitig auch das Gegengewicht verändert wird. Moderne Pendelrudersysteme sind heute derart sensibel, daß eine Standard-Windfahnengröße für alle Windstärken ausreichend ist.

Die H-Fahne kann aus Sperrholz gefertigt werden, was viele Vorteile hat: leicht, billig, stabil. Sie bietet bei Sturm wenig Windangriffsfläche und ist leicht zu bedienen oder abzunehmen.

Der notwendige Bewegungsraum der Windfahne ist relativ klein. Bei yawl- und ketschgetakelten Schiffen besteht kaum ein Problem, und auch Davids stören selten.

Marcel Gianoli

Der Franzose Marcel Gianoli hat als erster den Vorteil einer um 20 Grad schräggestellten Windfahnenachse erkannt und in seiner Anlage MNOP REGALL in den Sechziger Jahren verwirklicht. Dazu einen kleinen Ausflug zum Thema.

Dämpfung der Bewegung einer Windfahne:
Eine an vertikaler Windfahnenachse drehende V-Windfahne wird vom Wind extrem wenig verdreht, nämlich nur maximal um die Gradzahl, die das Schiff aus dem Ruder gelaufen ist. Der Wind strömt nahezu ständig an beiden Seiten der Windfahne vorbei. Ergebnis: perfekte Dämpfung.
Eine an horizontaler Windfahnenachse drehende H-Windfahne wird vom Wind extrem viel verdreht, unter Umständen bis an ihre seitlichen Anschläge. Der Wind drückt einseitig auf die Windfahne. Das Ergebnis: Schlechte Dämpfung, da die seitliche Bewegung nicht gebremst bzw. gedämpft wird. Jede Veränderung der Lage der Horizontalachse in Richtung Vertikalachse bedeutet eine Verbesserung der Dämpfung, da die Windfahne schneller oder früher von der Leeseite wieder angeströmt bzw. gebremst wird.
Es ist das unbestrittene Verdienst von Marcel Gianoli, die Positionierung der Windfahne mit um 20 Grad geneigter Achse als Optimum aller möglichen Neigungen herausgefunden zu haben. Sämtliche heute am Markt erhältlichen Systeme mit H-Fahne bedienen sich dieses Merkmals.

Verwendung

H-Fahnen werden eingesetzt bei: ARIES, ATOMS, BWS, FLEMING, HYDROVANE, MONITOR, MUSTAFA, NAVIK, SAILOMAT, WINDPILOT.

Das Getriebe

Das Steuersignal einer Windfahne wird mechanisch zum Ruderblatt der Anlage übertragen. Je nach Systemart wird die Übertragung durch einfache Schubstangen, Hebel, Bowdenzüge, Leinen, Zahn- oder Kegelräder vorgenommen. Auf eine Funktionsbeschreibung aller unterschiedlichen Getriebe-Übersetzungen an dieser Stelle wird verzichtet, da dies bei den einzelnen Systemarten erläutert wird.

Das Ruder

Das Ruder eines Windsteuersystems bewirkt durch seine Drehung:
a. unmittelbar die Kurskorrektur (Hilfsrudersystem),
b. mittelbar die Kurskorrektur (Pendel-Doppelrudersystem), da zunächst die Ruderachse seitlich ausschert und durch Leinenverbindung zum Hauptruder dieses die Gegenruderbewegung vollzieht.

Hilfsruder

Ein Hilfsruder ist ein zusätzliches Steuerruder, das ohne Verbindung zum Hauptruder eigenständig Steuerfunktionen übernimmt. Die Fläche kann bis zu 0,27 qm groß sein. Eine sinnvolle Proportion von Hauptruderfläche zur Hilfsruderfläche ist max. 3:1.

Vergleiche: Die Hauptruderfläche eines Schiffes ist auch für das Manövrieren unter Maschine dimensioniert. Ein Hilfsruder muß nur Trimmkorrekturen, d.h. reine Steuerfunktionen erfüllen und braucht daher nicht so groß zu sein.

Pendelruder

Ein Pendelruder erzeugt durch seitliches Ausscheren Servokräfte, die auf das Hauptruder übertragen werden. Die Kraftmenge wird bestimmt durch die Länge des Pendelarmes von der Pendelachse bis zum unteren Ende des Ruderblattes (Servokraft-Hebelarmlänge (HL)), meist 150-200 cm. Die Pendelruderfläche ist ca. 0,1 qm groß.

Flettnerruder/ Trimtab

Ein Flettnerruder bewegt durch seitliche Drehung die Achterkante des Ruders, an dem es befestigt ist. Dies kann ein Haupt-, Hilfs- oder Pendelruder sein. Die Fläche umfaßt weniger als 0,08 qm.

Vorbalancierung

Durch Vorbalancierung eines Ruderblattes, d.h. Verlagerung des Ruderschaftes von der Rudervorkante um bis zu ca. 20% nach achtern, wird erreicht, daß die zum Drehen notwendige Kraft verringert wird.

Vergleiche: Wer kennt nicht beim Jollensegeln den plötzlichen Druck auf der Pinne, wenn das schwenkbare Ruderblatt durch Grundberührung plötzlich nach achtern gedreht wurde. Ist das Ruderblatt jedoch unten, der Balanceanteil hergestellt, dann ist die Last an der Pinne fast null.

Ein vorbalanciertes Ruderblatt wird auf fast allen modernen Jachten verwendet und ist für jede Art von Windsteuersystem von Vorteil, da die zum Drehen notwendige Kraft des Steuersignals der Windfahne gering sein kann. Bessere Leichtwind-Eigenschaften sind dabei die zwangsläufige Folge.

Bei überkritischer Vorbalancierung der Ruderfläche zwischen 22–25% wird jedes Ruderblatt unruhig und neigt zum Ausscheren. Im Extremfall wird dann das Ruderblatt die Windfahne verdrehen und nicht umgekehrt.

Nur-Windfahne

Hier werden der Steuerimpuls und die Streuerkraft der Windfahne über Leinenumlenkung direkt mit der Pinne des Schiffes verbunden, ohne jegliches Kraftservo oder eigenes Ruderblatt.

Steuersignal = *Wind*
Steuerkraft = *Wind*
Steuerung = *Hauptruder*
Servokraft-
Hebelarmlänge (HL) = *0 cm*

Diese Systemart, ursprünglich auf Modellsegelbooten mit Erfolg eingesetzt, hat nur einen sehr geringen Wirkungsgrad, im Grunde stets zu wenig, um eine Segeljacht unter allen Umständen zu steuern.

Die erste Anlage von Sir Francis Chichester auf seiner *Miranda* war eine Nur-Windfahne, 4 qm groß, mit einem Gegengewicht von 12 kg. Wie bereits eingangs erwähnt, war dies System nicht sehr erfolgreich, denn die erreichbaren Steuerkräfte waren einfach zu gering, um wirkungsvoll an der Pinne zu ziehen.
Auf kleinen Schiffen bis ca. 6 m kann diese Systemart als Steuerhilfe für Am-Wind-Kurse verwendet werden. Raumschots und bei Seegang sind die durch die Drehung der Windfahne erzeugten Kräfte zu gering.

Nur-Windfahnen: QME, NORDSEE I
Produziert werden derartige Systeme seit vielen Jahren nicht mehr, sie werden an dieser Stelle nur der Vollständigkeit halber erwähnt.

Nur-V-Windfahne.

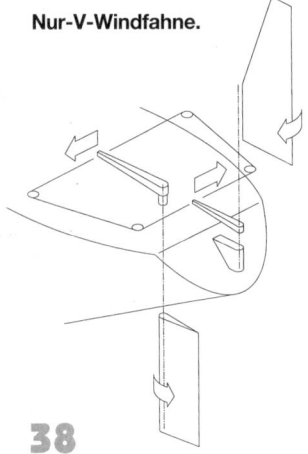

Nur-H-Windfahne.

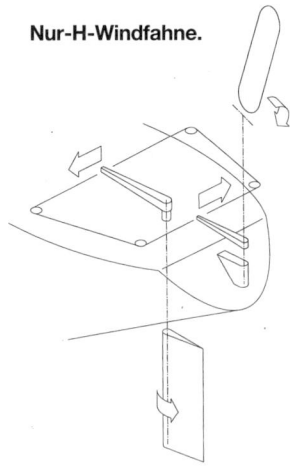

Nur-Windfahne NORDSEE in Aktion.

Hilfsrudersystem

Ein Hilfsrudersystem ist eine selbständige Steuereinheit, die ohne Verbindung zum Hauptruder das Schiff steuert. Die Windfahne verdreht über ein Getriebe direkt ein Ruderblatt an starrer Achse und gibt dadurch solange Gegenruder, bis der Sollkurs wieder anliegt.

Steuersignal	*= Wind*
Steuerkraft	*= Wind*
Steuerung	*= Hilfsruder*
Servokraft-	
Hebelarmlänge (HL)	*= 0 cm*

Das Hauptruder wird festgesetzt und als Trimmklappe zum Feintuning der Anlage verwendet. Das Hilfsrudersystem wird so vom Luvdruck entlastet und muß nur die reine Steuerfunktion übernehmen.

Hilfsrudersysteme können nur wirkungsvoll arbeiten, wenn die Größe des Hilfsruderblattes proportional zur Größe des Hauptruderblattes innerhalb der Verhältniszahl von ca. 1 : 3 liegt. Bei der Beschreibung der einzelnen Systeme kann anhand der erwähnten Hilfsruderblatt-Größen leicht abgelesen werden, wie das Verhältnis zum Ruderblatt des eigenen Schiffes ist, dessen Größe ja bekannt ist.

Die Steuerkraft dieser Systeme ist begrenzt, da sie ohne Servounterstützung arbeiten, daher ist der Ein-

Hilfsrudersystem
mit V-Fahne.

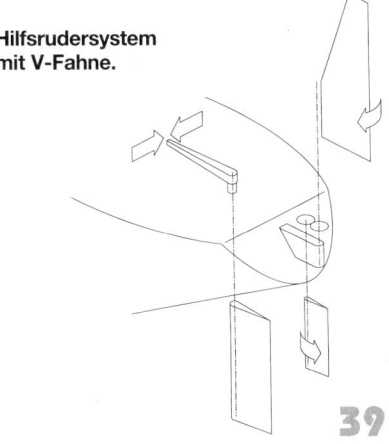

39

satz als vollwertiges Steuersystem nur bis zu einer bestimmten Schiffsgröße sinnvoll.

Windpilot-Hilfsrudersysteme der Serie NORDSEE und ATLANTIK wurden wirkungsvoll eingesetzt für Schiffe bis ca. 35 Fuß. Darüber hinaus konnten sie nur als Steuerhilfe verwendet werden, was der Grund war für die Produktionseinstellung bzw. -umstellung auf andere Systemarten im Jahre 1985.

Hydrovane-Hilfsrudersysteme werden vom Hersteller für Schiffe bis 50 Fuß empfohlen. Unter dem Gesichtspunkt »vollwertiges Steuersystem« liegt die Grenze aber wohl eher niedriger, da keine Servokraftverstärkung vorhanden ist und die Proportion bei der Rechnung Hilfsruderfläche : Hauptruderfläche ungünstig wird.

Vollwertiges Steuersystem

Dieser Begriff wird hier verwendet, um auszudrücken, ob ein Windsteuersystem eine bestimmte Schiffsgröße unter nahezu allen Segelumständen sicher zu steuern in der Lage ist, oder aber nur eine Steuerhilfe bis zu einer bestimmten Wind- und Seegangsstärke sowie bestimmten Windeinfallswinkeln darstellt.

Je nach Einsatzgebiet des Schiffes erhält diese Leistungscharakteristik eines Windsteuersystems elementare Bedeutung, denn was nützt eine Windsteueranlage am Heck, die ihre Arbeit nicht befriedigend leisten kann.

In der Kategorie Urlaubs- und Wochenendsegeln kann man durchaus ein System verwenden, das nur in bestimmten Situationen das Schiff steuern kann, wie z.B. auf Am-Wind-Kursen.

In der Kategorie Blauwassersegeln hingegen bedeutet eine Windsteueranlage, die das Schiff nicht perfekt steuern kann, oft das Ende des Törns, da Steuern von Hand bei kleiner Crew auf Dauer sehr ermüdend ist.

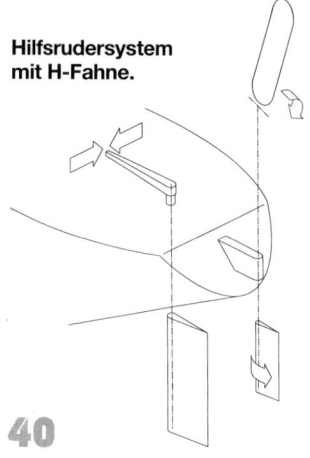

Hilfsrudersystem mit H-Fahne.

Kategorien der Hilfsrudersysteme

Hilfsruder mit V-Fahne

Bei V-Fahnen-getriebenen Hilfsrudersystemen (z.B. ATLANTIK) verdreht die Windfahne über gegenläufige Zahnräder direkt das Ruderblatt im Verhältnis 1 : 1. Diese Systeme besitzen gute Dämpfungseigenschaften. Die Einsetzbarkeit ist sinnvoll bis zu einer Schiffsgröße von ca. 35 Fuß.

40

Hilfsrudersystem mit V-Fahne ATLANTIK.

Hilfsruder mit H-Fahne
Diese Systeme (z.B. HYDROVANE) arbeiten mit einer weniger wirkungsvollen Dämpfung als die V-Fahnenbetriebenen Hilfsruderanlagen. Darum besitzen diese Systeme eine Getriebeuntersetzung, durch die der Ruderausschlag in drei Stufen veränderbar ist. Die wirksame Steuerkraft ist hingegen etwas größer als bei der V-Fahne, weshalb die Einsetzbarkeit in Bezug auf die Schiffsgröße etwas größer ist.

Vorteile der Hilfsrudersysteme
Durch die hauptruderunabhängige Arbeitsweise ist die Hilfsruderanlage als vollwertiges Notruder einzusetzen. Insbesondere bei modernen Kurzkiel-Schiffen mit empfindlichen, nicht durch Skeg geschützten Balanceruderrn, ist dies ein Sicherheitsvorteil. Durch die exponierte Lage achtern, am äußersten Ende des Schiffes, bedeutet die zusätzliche Lateralfläche des Hilfsruders eine Beruhigung der Schiffsbewegungen in

Hilfsrudersystem mit H-Fahne HYDROVANE.

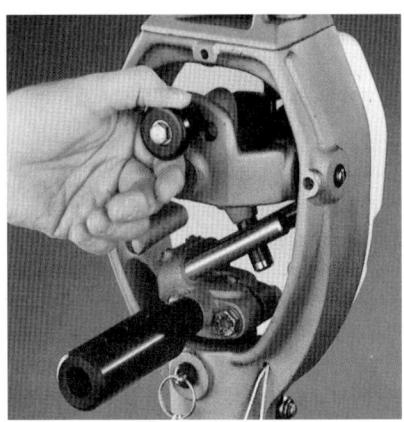

Das Getriebe der HYDROVANE.

schwerer See. Auch Luvgierigkeit wird durch Hinzufügen von Lateralfläche achtern verringert.

Ihre einfache und robuste Bauweise ist gleichbedeutend mit langer Lebensdauer. Sie sind eigentlich nur durch ein kräftiges Ramming rückwärts zu zerstören, wobei sie selbst dann noch den Vorteil besitzen, daß das Schiff in der Regel schwieriger oder teurer zu reparieren sein wird als die Hilfsruderanlage.

Bedienungsreihenfolge
– Schiff auf Kurs bringen;
– Pinne festsetzen;
– Windfahne in den Wind drehen;
– Windfahne mit Hilfsruder kuppeln;
– Kurs am Hauptruder feinjustieren.

Nachteile der Hilfsrudersysteme

Hilfsruderanlagen sind nicht dezent in ihrem Äußeren. Sie sind groß, lang und zudem schwer. 30–45 kg am äußersten Ende des Schiffes sind viel Gewicht, insbesondere bei kleineren Schiffen.

Die begrenzte Steuerkraft ohne jegliche Servo-Kraftunterstützung bedeutet praktisch ein bestimmtes Limit in Bezug auf die Schiffsgröße, bis zu der diese Systemart sinnvoll eingesetzt werden kann (s.o.).

Die Manövriereigenschaften des Schiffes verschlechtern sich, da ein Hilfsruder bei Nichtgebrauch in der Regel mittig festgesetzt und somit der Wendekreis des Schiffes größer wird. Bei Rückwärtsmanövern mit Langkielern hingegen bedeutet eine feste Lateralfläche hinter dem Hauptruder, daß der Propellereffekt das Heck nicht mehr so schnell zur Seite bringt, das Schiff also besser »gehorcht«.

Der Einsatz dieser Systeme an ketsch- oder yawlgetakelten Schiffen ist wegen der Größe der Windfahne problematisch, wenn das Besansegel gefahren werden soll.

Bei Montage zu bedenken

Hilfsrudersysteme können mittig am Spiegel, aber auch seitenversetzt neben eine vorhandene Badeleiter montiert werden. Die Steuerqualität verschlechtert sich dabei nur unwesentlich, wie schon die Wikinger festgestellt haben, die ihre Schiffe über Steuerbordseite gesteuert haben; der Rücken zeigte dabei nach backbord.

Die Befestigung am Spiegel des Schiffes sollte stark und kräftig ausgeführt werden, da das Hilfsrudersystem hohen Querkräften durch Seegangsbewegungen ausgesetzt ist. Bei konservativen, positiven Jachthecks sollte die Anlage unten mit V-förmig gespreizten Streben befestigt werden, bei modernen, negativen Jachthecks wird unten ein Winkelflansch verwendet.

Bei modernen Jachten mit geteilter Lateralfläche und weit achtern liegendem Hauptruder ist zu bedenken, daß der Mindestabstand des Hilfsruderblattes hinter dem Hauptruder 20–30 cm betragen sollte. Ist dieser Abstand geringer, verringert sich der Wirkungsgrad des Hilfsrudersystems, da das Ruderblatt im turbulenten Kielwasser des Hauptruders nicht seine volle Kraft entfalten kann.

Seitenmontage bei Schiffen mit angehängtem Hauptruder ist nur sinnvoll, wenn der seitliche Abstand nebem dem Hauptruder mindestens 30 cm beträgt, was aber eine Verschlechterung des Wirkungsgrades bringt, da beim Segeln hoch am Wind auf unterschiedlichem Bug das Ruder weit aus dem Wasser ragt und nicht mehr optimal arbeiten kann.

Bei konservativen Schiffen mit Langkiel und großem Überhang achtern arbeiten Hilfsrudersysteme insofern unter idealen Bedingungen, da weit hinter dem Hauptruder eben nur noch ruhig strömendes Kielwasser vorhanden, der Wirkungsgrad eines Hilfsruderblattes also besser ist. Außerdem ist der Krafthebelarm hinter dem Hauptruder hier besonders groß.

Hersteller von Hilfsrudersystemen: Windpilot und Hydrovane.

Flettnerrudersysteme für Hilfsruderbetrieb

Funktionsweise

Bei dieser Systemart gibt die Windfahne ihr Steuersignal an ein hinter dem Hilfsruder angehängtes Flettnerruder weiter. Beim seitlichen Ausschwenken des Flettnerruders wird die Achterkante des Hilfsruders nahezu zeitgleich gegenläufig zur Seite gedrückt und so eine Gegenruderbewegung eingeleitet. Das Hauptruder wird wie beim Hilfsrudersystem festgesetzt und als Trimmklappe zum Feintrimm verwendet.

Steuersignal	*= Wind,*
Steuerkraft	*= Wasser,*
Steuerung	*= Hilfsruder,*
Servokraft-	
Hebelarmlänge (HL)	*= ca. 20 cm*

Flettnerruder, häufig auch »Trimtab« genannt, sind in der Fläche sehr klein und haben meist nur 20 % der Fläche des Hilfsruderblattes.

Der Umweg in der Kraftübertragung von der Windfahne über das Flettnerruder zum Hilfsruder hat zwei Vorteile:

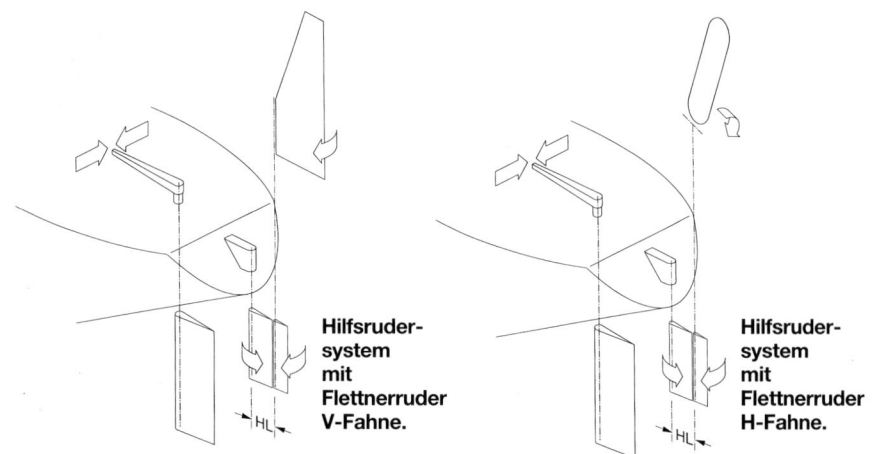

Hilfsrudersystem mit Flettnerruder V-Fahne.

Hilfsrudersystem mit Flettnerruder H-Fahne.

a. Die Windfahne kann eine kleinere Oberfläche haben, da das zu bewegende Flettnerruderblatt nur sehr klein ist.

b. Der Servoeffekt des Flettnerruders, bedingt durch dessen Achsabstand zur Hilfsruderachse, bewirkt eine größere Steuerkraft dieser Systemart, verglichen mit dem einfachen Hilfsrudersystem.

Vergleiche: Ein kleines Flettnerruder an der Achterkante einer Flugzeug-Tragfläche kann mit wenig Kraft den ganzen Flügel verdrehen und das Flugzeug steuern.

Krafthebelarmlänge = Servokraft: Der für die Servowirkung verantwortliche Krafthebelarm ist der Achsabstand zwischen Hilfsruder- und Flettnerruderachse.

Diese Krafthebelarmlänge liegt meist bei ca. 20 cm, weshalb die erzielbare Servowirkung dieser Systemart immer relativ gering bleibt. Durch Vorbalancierung des Hilfsruders

kann die Wirkung etwas vergrößert werden. Dennoch bleiben die erzielbaren Steuerkräfte immer begrenzt, da ein Flettnerruder stets das Hilfsruder nur in begrenztem Winkel zu drehen vermag, ca. 10 Grad sind bereits das Maximum.

In der Geschichte der Windsteuersysteme nehmen flettnergetriebene Steuersysteme eine wichtige Rolle ein. Die Nutzung des kraftverstärkenden Flettnerruders ist ein Schritt in Richtung kleinere Windfahne und größere Steuerkraft.

Heute hat diese Systemart kaum noch Bedeutung, da die Entwicklung vorangeschritten ist, wie der weitere Verlauf dieses Buches zeigen wird.

Vor- und Nachteile

Vorteile: Kleinere Windfahne bei gleichzeitig etwas größerer Steuerkraft, hauptruderunabhängige Arbeitsweise, Verwendung als Notruder möglich. Im übrigen haben diese Systeme die gleichen Vorteile wie Hilfsrudersysteme. *Nachteile:* Sie

Hilfsrudersystem mit Flettnerruder und H-Fahne: MUSTAFA.

Hilfsrudersystem mit Flettnerruder und V-Fahne: RVG.

sind noch größer und voluminöser als die Hilfsrudersysteme. Diese Systeme haben das besondere Handicap, daß Motormanöver noch schwieriger durchzuführen sind, da das durch Flettnerruder getriebene Hilfsruder in der Regel gar nicht festgesetzt werden kann, ein Alptraum bei Maschinenmanövern rückwärts. Das Gewicht ist ebenfalls höher als bei reinen Hilfsrudersystemen. Ein Gierdämpfungsgetriebe ist bei diesen Systemen nur aufwendig zu verwirklichen und darum selten vorhanden.

Bei der Montage zu bedenken
Diese Systeme sollten ausschließlich mittig am Heck montiert und zudem überaus solide befestigt werden, da infolge ihres Gewichts und der Belastungen durch Seegangsbewegungen hohe Kräfte auf System und Heck einwirken. Systeme mit V-Windfahne benötigen einen größeren Drehradius für die Fahne und sind daher für yawl- und ketschgetakelte Schiffe schlechter geeignet als Systeme mit H-Windfahne, deren Fahne leichter von Besanbäumen klar geht (siehe Hilfsrudersysteme).

Hersteller von Hilfsrudersystemen mit Flettnerantrieb:
V-Fahne: RVG,
H-Fahne: Autohelm, BWS Taurus, Mustafa.

Flettnerrudersysteme für Hauptruderbetrieb

Funktionsweise
Bei dieser Systemart wird ein Flettnerruder an der Achterkante des

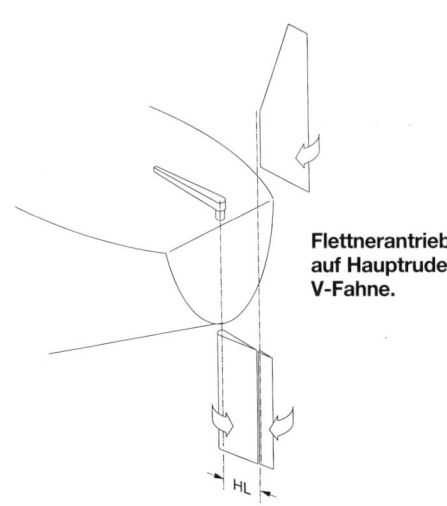

Flettnerantrieb
auf Hauptruder
V-Fahne.

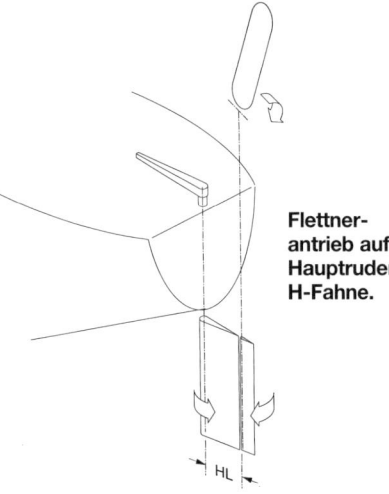

Flettner-
antrieb auf
Hauptruder
H-Fahne.

Hauptruders montiert und betreibt somit das Hauptruder direkt.

Steuersignal	*= Wind,*
Steuerkraft	*= Wasser,*
Steuerung	*= Hauptruder,*
Servokraft-	
Hebelarmlänge (HL)	*= 30 - 50 cm.*

**Flettnerantrieb auf Hauptruder H-Fahne:
PACIFIC Sonderbau.**

In der Frühzeit der Windsteuersysteme war diese Systemart weitverbreitet. Bei Langkielern mit angehängtem Ruder bot sie sich förmlich an. Der Selbstbau war unkompliziert.

Bernard Moitessier segelte mit der einfachsten je gebauten Flettneranlage an seiner *Joshua*. An der Verlängerung der vertikalen Windfahnenachse saß unten das an der Achterkante des Hauptruders befestigte Flettnerruder.

Diese Systeme setzen ein möglichst ausgewogenes Schiff voraus, da sie leicht zum Übersteuern neigen und eine Gierdämpfung bei den meisten Systemen nicht vorhanden ist. In der Praxis bedeutet dies, daß das Schiff möglichst perfekt ausgetrimmt werden muß, damit es mit geringsten Ruderausschlägen auf Kurs gehalten werden kann. Das kann dazu führen, daß die Segelfläche notfalls sehr stark reduziert werden muß, damit das Steuersystem den Generalkurs halten kann.

Die meist fehlende Gierdämpfung macht den Umgang mit dieser Systemart anstrengend. Dies ist der Grund, warum insbesondere in Frankreich, dem traditionellen Land vieler Flettnerrudersysteme, immer mehr Segler ihre Systeme austauschen und nun moderne Pendelrudersysteme installieren.

Heute werden Systeme dieser Bauart kaum noch produziert und verwendet. Sie haben zu viele Funktionsnachteile, sind nur schwer mit einer Gierdämpfung versehbar und verhalten sich bei Maschinenmanövern ungünstig. Als Serienprodukt sind sie kaum zu produzieren, da die Gegebenheiten von Schiff zu Schiff derart variieren, daß ein Standardsystem nicht zu fertigen ist. Hauptursache ist hier die große Typenvielfalt unterschiedlicher Hauptruder mit verschiedenen Ruderschaftwinkeln und Balanceproportionen, die alle jeweils unter-

schiedliche Flettnerrudergrößen erforderlich machen.

Hersteller von Flettnerrudersystemen für Hauptruderbetrieb: Atlas, Auto-Steer, Hasler, Saye's Rig.

Die Saye's Rig ist eine Kombination von Pendel- und Flettnerrudersystem, bei der die Servokraft-Hebelarmlänge (HL) durch einen Bügel vergrößert wird.

Pendelrudersystem

Da dies das heutzutage am häufigsten eingesetzte System ist, wird auf den folgenden Seiten ausführlich auf die verschiedenen Aspekte von Pendelrudersystemen eingegangen.

Funktionsweise
Die Windfahne verdreht über ein Getriebe das Ruderblatt an einer

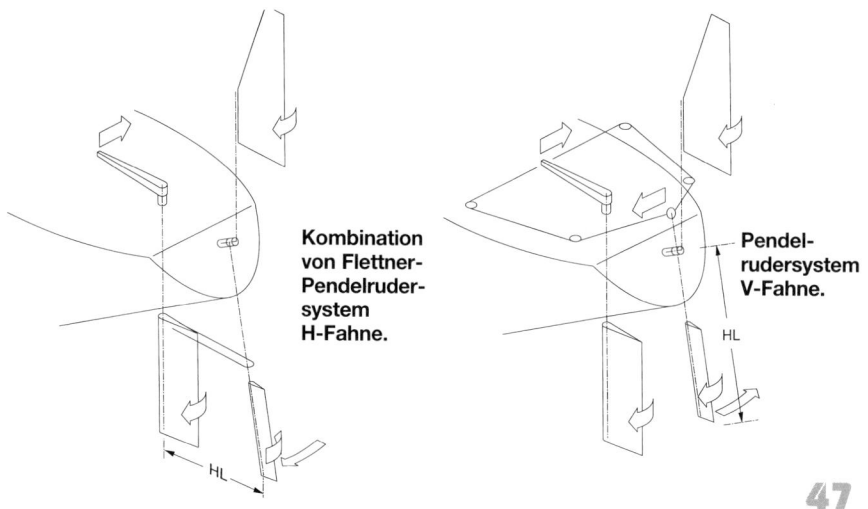

Kombination
von Flettner-
Pendelruder-
system
H-Fahne.

Pendel-
rudersystem
V-Fahne.

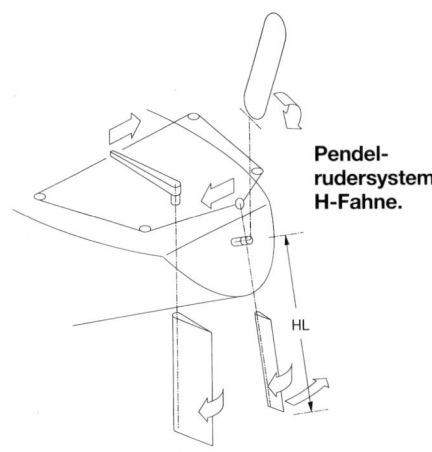

**Pendel-
rudersystem
H-Fahne.**

HL

beweglichen (pendelnden) Achse, daher der Name: Pendelruder. Die Kraft des vorbeiströmenden Wassers läßt den Pendelarm seitlich ausschwenken und zieht oder dreht, da über Leinen kraftschlüssig mit der Pinne oder dem Rad verbunden, solange am Hauptruder, bis die Windfahne wieder Sollkurs signalisiert.

Steuersignal	*= Wind,*
Steuerkraft	*= Wasser,*
Steuerung	*= Hauptruder,*
Servokraft-	
Hebelarmlänge (HL)	*= bis 200 cm.*

Die enorme Krafthebelarmlänge dieser Systemart (vergleiche Servokraft-Hebelarmlänge bei den anderen Systemarten), erklärt augenfällig, daß hier große Steuer- bzw. Servokräfte erzeugt werden.

Warum Servoprinzip?
Stellen Sie sich vor, Sie stehen am Heck Ihres mit 6 kn segelnden Schif-

fes und halten dabei ein 2 m langes Holzbrett ins Wasser: Exakt in Kiellinie ist es quasi mit zwei Fingern zu halten, verdrehen Sie jedoch das Brett, schert es mit Macht zur Seite. Ihr Schultergelenk entspricht hierbei der Pendelachse.

Die hydrodynamische Kraft des vorbeiströmenden Wassers erzeugt auf diese Art und Weise durchaus Zugkräfte bis zu 150 kg. Dies erklärt, warum Pendelrudersysteme in der Lage sind, große und schwere Schiffe einwandfrei zu steuern, da die notwendigen Steuerkräfte in einem gewissen Verhältnis zur Schiffsgröße stehen.

Gierdämpfung
Die enorme Kraft der Pendelrudersysteme ist gleichzeitig ihr Problem. Wenn diese Kraft nicht dosiert an das Hauptruder weitergegeben wird, besteht die Gefahr des Übersteuerns, da das System zu viel oder zu lange Gegenruder gibt.

Zum Vergleich: Der geschulte menschliche Rudergänger gibt automatisch immer nur wenig Gegenruder, damit das Schiff wieder auf Sollkurs gebracht wird. Niemals wird er hart oder kraftvoll an der Pinne reißen, da er weiß, daß die Gefahr besteht, daß das Schiff dann über den Sollkurs hinweg zur anderen Seite aus dem Ruder laufen wird. Außerdem bremsen große Hauptruderausschläge die Fahrt des Schiffes unnötig. Oder stellen Sie sich den Flügel eines Verstellpropellers vor, der in seiner Segelstellung, ohne sich zu drehen, ruhig im Kielwasser steht. Wird dieser Flügel mechanisch verstellt, fängt er an, endlos um die Welle zu drehen, bis er wieder zurückgestellt wird.

Auf das Pendelrudersystem übertragen bedeutet das: Das Pendelruder ist der Propellerflügel, die Pendelachse ist die Propellerwelle, und die Windfahne liefert die mechanische Verstellung.

Wird das von der Windfahne gegebene Steuersignal ungebremst auf das Pendelruder übertragen, wird der Pendelarm zu weit zur Seite schwenken und käme dabei ggf. sogar aus dem Wasser, bis vom Wind ein gegenteiliges Signal gegeben wird. Die Leinenzuglänge auf das Hauptruder wäre dann zu groß, das Hauptruder würde zu stark verdreht, und die Folge wäre Übersteuern.

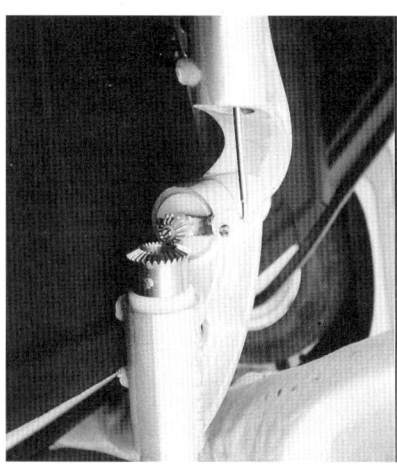

Kegelradgetriebe einer PACIFIC.

Das Wesen der Gierdämpfung bei Pendelrudersystemen besteht darin, den seitlichen Weg des Pendelarms zu begrenzen. Ein Kegelradgetriebe mit einer Kraftuntersetzung im Verhältnis 1 : 2 löst dieses Problem.

Der Steuerimpuls der Windfahne führt maximal zu einem seitlichen Ausschwenken des Pendelarms von ca. 28 Grad. Jede Drehung seines Ruderblattes (durch die Windfahne) führt zu seitlichem Ausschwenken des Pendelarmes, was die gleichzeitige Rückdrehung des Ruders in Kiellinie (aber in mehr seitlicher Stellung) bewirkt. Durch diese Systematik wird die maximale Leinenzuglänge zur Übertragung auf das Hauptruder auf ca. 25 cm begrenzt und ein Übersteuern wirksam ausgeschlossen.

Das Zusammenwirken einer um 20 Grad in seiner Achse geneigten H-Fahne (siehe Kapitel Windfahne) mit einem Kegelradgetriebe und einer Kraftuntersetzung 1 : 2 ist heute das Nonplusultra eines Pendelrudersystems. ARIES, MONITOR, PACIFIC und FLEMING sind in Bezug auf diese Merkmale identisch.

Ein mit Kegelradgetriebe ausgerüstetes Pendelrudersystem steuert perfekt, und es liefert immer genau soviel Kraft, wie erforderlich ist, um das Schiff auf Sollkurs zurückzubringen. Beim Außerachtlassen sorgfältigen Segeltrimms erzeugt die Anlage höheren Druck auf das Hauptruder, das dann stärker angestellt wird.

Pendelrudersysteme ohne Gierdämpfung sind problematisch in der Handhabung. Dem Schiffs-, und Segeltrimm sowie der Schiffscharakteristik kommen übergroße Bedeutung zu. Auch Wind- und Seegangsbedingungen haben Einfluß darauf, ob die Steuerergebnisse befriedigend sind oder nicht.

Leinenübertragung auf die Pinne.

Kraftübertragung

Die vom Pendelruder erzeugte Kraft wird mit Leinen auf das Schiff übertragen. Bei herkömmlichen Systemen (ARIES, MONITOR) beginnen die Übertragungsleinen unten direkt am Pendelruderarm, werden dann je Seite dreimal durch Blöcke umgelenkt, um dann auf Decksniveau über je zwei weitere Blöcke bis zur Pinne/Rad umgelenkt zu werden. Derartige Systeme benötigen also bis zur Pinne/Rad insgesamt ca. 10 Blöcke und entsprechend lange Leinen. Moderne Systeme hingegen beginnen mit den Übertragungsleinen oben, d.h. bereits auf Decksniveau, da der Pendelarm konstruktiv nach oben verlängert wurde. Dies verringert die Anzahl der notwendigen Blöcke vom Pendelarm bis zur Pinne von 10 auf nur noch 4. Auch die Übertragungsleinen sind entsprechend kürzer.

Ein Pendelrudersystem kann nur gut arbeiten, wenn die Kraftübertragung auf das Hauptruder einwandfrei ist. Dies bedeutet: Je kürzer die Leinenübertragungswege und je weniger Umlenkblöcke, desto besser die Steuerergebnisse. Oder anders ausgedrückt: Je länger die Übertragungswege und je länger die Leinen, desto größer der Übertragungsverlust. Lose oder Reck in den Leinen und Schwergängigkeit im Hauptruderlager verschlechtern den Wirkungsgrad.

Leinenzuglänge

Die maximale Leinenzuglänge bei mit Kegelradgetriebe giergedämpften Pendelrudersystemen beträgt nur etwa 25 cm. Bei ungünstiger Kraftübertragung, Lose, Reck oder zu langen Übertragungswegen ist diese Zuglänge schnell verringert. Wenn z.B. nur noch ca. 10 cm

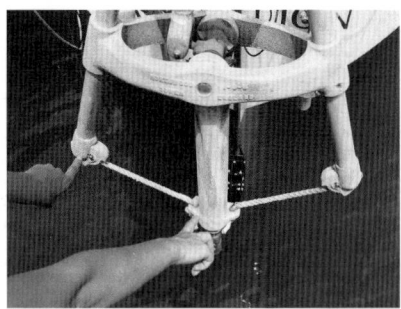

25-cm-Leinenzuglänge am Beispiel einer ARIES.

Zuglänge für die reine Steuerbewegung zur Verfügung stehen, wird schnell deutlich, daß das Steuerresultat dann nur noch schlecht sein kann: das Schiff wird irgendwann aus dem Ruder laufen.

Die von einem guten Pendelrudersystem erzeugten maximalen Steuerkräfte von bis zu 150 kg sind in jedem Fall groß genug, um Schiffe bis zu 60 Fuß zu steuern. Der Schlüssel für die tatsächlich erbrachte Steuerqualität eines Pendelrudersystems liegt einzig in der Kraftübertragung.

Pinnenbeschlag mit Kettenrastung.

Übertragung auf Pinnensteuer

Die Kraftübertragung auf die Pinne eines Schiffes ist der Idealfall. Cockpit achtern bedeutet kurze Übertragungswege. Der Befestigungspunkt der Leinenübertragung auf der Pinne kann variiert werden, bei leichten oder schnellen Schiffen ggf. sogar variabel auf einer Schiene. Die Übertragung wird vorzugsweise mit einem kleinen Kettenstück auf einem Pinnenbeschlag mit Rastung vorgenommen.

Einige Systeme verwenden eine Koppelung mit Leinen, die mit Kammklemmen auf der Pinne befestigt werden. Das ist kein sehr praktikabler Weg. Der Pinnenbeschlag wird bei etwa 60 % der Pinnenlänge, also hinter dem Griffbereich befestigt. Die Leinen verlaufen von diesem Punkt im leichten Winkel nach achtern auf seitlich montierte Blöcke und folgen so dem Drehradius der

Pinne. Das hat den Vorteil, daß bei Inbetriebnahme und Einhaken der Kette in den Pinnenbeschlag die Leinen sogleich die richtige Spannung erhalten.

Übertragungsleinen sollten grundsätzlich aus vorgerecktem Material bestehen, jedoch niemals regelrecht gespannt werden, da dadurch zuviel Lagerreibung in den Umlenkblöcken verursacht wird.

Pinnensteuerung-Trimm

Durch die Kettenrastung kann nachgetrimmt oder jederzeit blitzschnell ausgekoppelt werden, z.B. bei Notmanövern von Hand. Ist die Kette nicht eingerastet, kann die Anlage keinerlei Steuerfunktion übertragen, sie folgt dem Schiff dann »wie ein Hund an der Leine«, ohne den Rudergänger zu beeinträchtigen, wobei die Windfahne nicht abgenommen werden muß.

Übertragung auf mechanische Radsteuerung

Die Kraftübertragung auf ein Steuerrad ist etwas weniger wirkungsvoll, da hier der Übertragungsweg länger ist, nämlich zunächst bis zum Rad und dann über die Radsteuermechanik bis zum Ruderquadranten, dem Ruder selbst. Es ist klar, daß der Übertragungsverlust größer ist, d.h. die wirksame Leinenzuglänge (25 cm) kleiner wird. Auf nahezu allen Schiffen oberhalb der Größe von 35 Fuß befinden sich heute Radsteuerungssysteme. Dies hat folgende Gründe: Die Größe des Hauptruders macht eine Kraftuntersetzung erforderlich, damit der Rudergänger das Schiff ohne zu große Kraftanstrengungen halten kann. Der Platz im Cockpit wird größer. Viele Schiffe sind mit Radsteuerungssystemen ausgerüstet, weil dies im Trend liegt. Sie ließen sich mit Pinne effektiver steuern.

Gängige Radsteuersysteme übertragen mechanisch mit Seilzügen auf den Ruderquadranten. Der durchschnittliche Raddurchmesser beträgt ca. 60 cm und die Umdrehungsanzahl etwa 2,5 von Hartruder backbord bis Hartruder steuerbord. Diesen Standard haben fast alle Hersteller von Pendelrudersystemen für die Auslegung ihrer Radadapter zugrunde gelegt. Nahezu einheitlich verwenden sie Radadapter mit einem Durchmesser von ca. 16 cm und einem Umfang von ca. 53 cm. Es wird schnell deutlich, daß 25 cm Leinenzuglänge also etwa einer halben Radumdrehung entsprechen, und das im günstigsten Fall, d.h. wenn keinerlei Übertragungsverluste vorhanden sind.

Größere Raddurchmesser bedeuten normalerweise weniger Umdrehungen von Hartruder bis Hartruder, da bei der Konstruktion einer Ruderübersetzung von immer der gleichen notwendigen Kraft des Rudergängers ausgegangen wird. Für einen Radadapter bedeutet dies, daß er weniger Zuglänge mit mehr Kraft ziehen muß.

Es gibt im wesentlichen nur drei Möglichkeiten der Kraftübertragung von Pendelruder- zum Radsteuersystem. Die Übertragungsleinen werden wie folgt geschoren:

1. Direkt, d.h. 1 : 1.
2. Doppelt, d.h. doppelte Leinenzuglänge mit halber Kraft.
3. Klappläufer, d.h. halbe Leinenzuglänge mit doppelter Kraft.

Mit diesem Übertragungskomfort muß man auskommen, aber es ist klar, daß diese Lösungen nicht mit der Kraftübertragung auf einer Pinne verglichen werden können, bei der der Übertragungspunkt oder das Übertragungsverhältnis frei gewählt werden können und die Übertragungswege erheblich kürzer sind.

Tip: Beide Übertragungsleinen werden auf einer Schiffsseite zum Radadapter geführt, wodurch im Cockpit

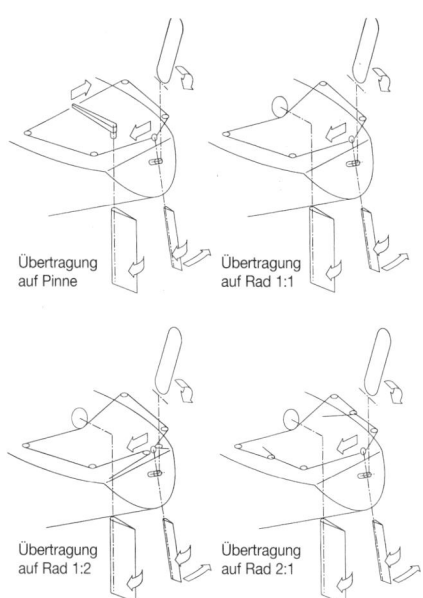

Übertragung auf Pinne

Übertragung auf Rad 1:1

Übertragung auf Rad 1:2

Übertragung auf Rad 2:1

Leinenübertragungsmöglichkeiten für Pendelrudersystem.

zumindest auf einer Seite der freie Durchgang erhalten bleibt. Da die besondere Art der Leinenführung leicht eine Verwechslung beider Leinen ergibt, sollten die jeweils zusammengehörigen Leinen gekennzeichnet werden, wozu sich die Trennstelle mit 4 Karabinerhaken anbietet.

Radadapter-Verstellbarkeit

Die Radadapter sind in ihrer Grundkonzeption nahezu alle gleich, sie unterscheiden sich jedoch wesentlich in ihrer technischen Ausführung. Wichtig ist vor allem, daß an diesem Verbindungspunkt der Kraftkoppelung auf das Radsteuer die Position möglichst stufenlos eingestellt werden kann, um optimalen Trimm und Feintrimm zu ermöglichen. Ein Adapter, der nur eine bestimmte Anzahl von Einstellungen erlaubt, ist naturgemäß weniger geeignet als ein solcher mit stufenloser Einstellmöglichkeit. Noch ungünstiger ist ein Adapter, an dem überhaupt nicht getrimmt werden kann, oder bei dem zum Trimmen die Leinen vor und hinter dem Adapter verkürzt oder verlängert werden müssen. Ebenfalls wichtig ist die Beachtung des Montagedurchmessers des Radadapters, da auf vielen Radsteuernaben bereits Autopiloten befestigt sind.

Übertragung auf Notpinne
Bei fast allen Schiffen mit mechanischer Radsteueranlage besteht die Möglichkeit der Montage einer zusätzlichen Notpinne, um im Fall von Radsteuerproblemen manövrierfähig zu sein. Der Gedanke, die besseren Übertragungsmöglichkeiten auf die Pinne zu nutzen und nun einfach auf die Notpinne zu übertragen, ist in diesem Fall kein guter Weg, da die gesamte Radsteuermechanik

Radadapter mit stufenloser Feststellung: PACIFIC.

vom falschen Kraftende her mitbewegt werden muß.

Zum Vergleich: Versuchen Sie einmal, die Vorderräder Ihres Autos zu bewegen, um das Lenkrad zu drehen. Das geht nur sehr schwer. Die Notpinne läßt sich nur leicht bewegen, wenn die gesamte Übertragungsmechanik zwischen Rad und Ruderquadrant getrennt wird, was im normalen Segelbetrieb für Urlaubs- und Wochenendsegelei nicht sinnvoll ist. Bei Blauwassertörns hingegen macht es sehr viel Sinn, diesen Weg einzuschlagen, da die Windsteueranlage ohnehin nahezu ausschließlich steuern wird, und dann alle Vorteile einer direkten Kraftübertragung auf die Pinne zum Tragen kommen.

Übertragung auf hydraulische Radsteuerung

Hydraulische Ruderanlagen werden eingesetzt, wenn der Ruderdruck mechanisch nicht mehr zu tragen ist oder aus Komfortgründen mehrere Steuerstände vorhanden sind. Hydraulische Steuerungselemente, Pumpen und Hydraulikzylinder bedeuten in jedem Fall immer eine indirekte Kraftübertragung. Die Anzahl der Umdrehungen am Radsteuer ist erheblich größer als bei mechanischen Radsteuersystemen. Dies ist einer der Gründe, warum Pendelrudersysteme nicht sinnvoll auf hydraulik-gesteuerten Schiffen eingesetzt werden können. Der zweite Grund liegt darin, daß in vielen Hydrauliksystemen häufig, irgendwo

im System, Schlupf besteht, d.h. durch Undichtigkeiten (an Simmeringen) Öl überfließt. Selten befindet sich eine Königsspeiche immer an gleicher Stelle. Ein Pendelrudersystem benötigt eine exakte Mittschiffs-Orientierung des Rades zum Hauptruder selbst, die hier selten gegeben ist.

Übertragung auf Notpinne

Dieser verlockende Weg kann nur beschritten werden, wenn das gesamte Hydrauliksystem, inklusive Haupt-Hydraulikzylinder, am Quadranten abgekoppelt wird, da ansonsten (wie bei Notpinne mechanisches Radsteuersystem) der gesamte Hydraulikkreislauf mit umgepumpt werden muß.

Keinesfalls genügt in diesem Fall die Installation eines Bypass-Ventils, da der Hauptwiderstand immer im Hydraulikzylinder selbst liegt. Auch in diesem Fall gilt: Lieber die komplette Hydraulik demontieren und dem Pendelrudersystem vernünftige Arbeitsbedingungen sichern, als von Hand steuern oder andere Wege beschreiten.

Überlastungsschutz

A. In den Übertragungsteilen

Die Kraftübertragung aller Pendelrudersysteme wird mit vorgerecktem Tauwerk vorgenommen, dessen Durchmesser mindestens 6 mm, besser jedoch 8 mm beträgt. In Anbetracht der maximalen Steuerkräfte (150 kg), wird schnell deutlich, daß die Bruchkräfte in den Leinen erheblich höher sind. Dies ist günstig für die Reck-Armut des Materials, die im unteren Lastbereich nur gering ist. Beim abrupten Aus-dem-Ruder-Laufen des Schiffes oder durch plötzliches Einfallen einer starken Bö wird jedes Pendelrudersystem mit aller Kraft über die Leinenverbindung am Hauptruder reißen. Wenn Übertragungsblöcke dabei an der Reling fest verbolzt werden, ist so eine Relingsstütze oder der Heckkorb schnell krumm gezogen. Empfehlenswert ist in jedem Fall, auf jeder Schiffseite jeweils einen Block nur mit Taljereep, z.B. mit dünner Flaggenleine, zu befestigen, die im Überlastfall bricht und alles andere unbeschädigt läßt.

B. Im Ruderschaft

Ein Pendelruderblatt im Wasser ist der ideale Fänger für Fischnetze, Treibgut und Seetang; es sollte möglichst überlastgeschützt ausgeführt sein. Dafür gibt es folgende Möglichkeiten:
Bei Verwendung einer Sollbruchstelle im Ruderschaft (ARIES) sollte das Ruderblatt mit einer Sorgleine gesichert werden, um bei Bruch nicht gleich das gesamte Ruderblatt zu verlieren. Die Berechnung einer derartigen Sollbruchstelle wirft allerdings immer die Frage auf: Was bricht zuerst, die Sollbruchstelle, oder reißt vorher die gesamte Anlage aus ihren Befestigungsteilen, da der Krafthebelarm insgesamt sehr groß ist?

Das Ruderblatt der MONITOR kann entriegelt und nach achtern hochgeklappt werden.

Die Halterung eines Ruderblattes, drehbar in einer Rudergabel mit oder ohne federbelasteter Raste, ist die ideale Möglichkeit, bei Kollision jeglichen Schaden auszuschließen, da das Ruder nach achtern schert.

Verstellbarkeit der Windfahne zur Windrichtung

V-Fahne

Wie beim Hilfsruder mit V-Fahne. Die Windfahne kann komplett ausgekoppelt werden, sie schwingt dann frei im Wind und veranlaßt keine Steuerfunktion. Wird sie hingegen eingekuppelt, kann über einen endlosen Schneckentrieb eine Feineinstellung vorgenommen werden. In Bezug auf die Verstellbarkeit für die unterschiedlichen Windstärken gilt ebenfalls das gleiche wie bei Hilfsrudersystemen. Die Fahne kann auf ihrer Halterung ein- und ausgezogen werden.

H-Fahne

Ausrüstungsstandard fast aller H-Fahnen-Pendelrudersysteme ist ein endloser Schneckentrieb. Nur so sind komfortabler Betrieb und einfache Fernbedienung möglich. Außerdem besitzen Schneckentriebe eine Anzeigeskala über die Lage zum Wind, was die Kurseinstellung vereinfacht.

Die bei der ARIES verwendete Verstellung über eine 6-Grad-Rastung ist auf Kursen hoch am Wind häufig zu grob, außerdem bedingt diese Konstruktion einen aufwendigen und schweren Zahnkranz. Anlagen ohne

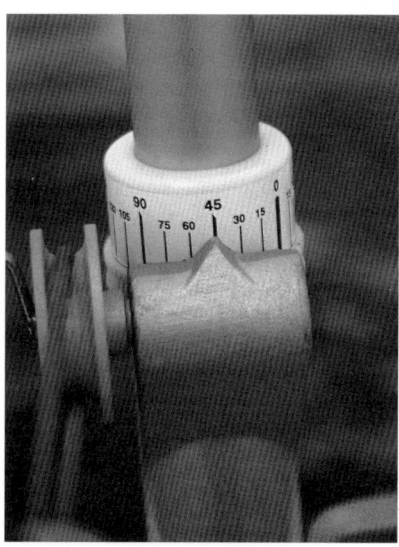

Die Fernbedienung bei der PACIFIC ist stufenlos verstellbar, die Lage zum scheinbaren Wind wird angezeigt.

selbsthemmende Verstellung in jeder Position sind mühsamer einzustellen, da von Hand ein Feststeller gelöst und anschließend wieder festgesetzt werden muß (SAILOMAT). Bezüglich der Verstellbarkeit bei unterschiedlichen Windstärken wird auf das Kapitel »H-Fahne« hingewiesen. Eine Fernbedienung ist ein Komfort- und Sicherheitsmerkmal, denn wer turnt schon gern nachts im Dunkeln ans Heck, um den Kurs zu regulieren.

Montagefreundlichkeit

Eine Pendelruderanlage zu montieren, ist bei herkömmlichen Systemen durchaus mit erheblichem Arbeitsaufwand verbunden. Die weite Spanne der verschiedenen Heckformen macht jeweils individuell angefertigte Anbauteile erforderlich, was für den Amateur oft mit viel Mühe und hohen Anforderungen an sein Organisationstalent verbunden ist. Wer die klassische Anbauweise der ARIES vor Augen hat, wird schnell nachvollziehen, was es heißt, dieses System an einem Plattgat-Heck oder einem typisch französischen Heck mit weit offener Badeplattform zu befestigen. Moderne Systeme besitzen einen variablen Anbauflansch, der über einen weiten Bereich von Spiegelneigungen stufenlos eingestellt werden kann, was die Montage zu einem kurzen Vergnügen macht. Wichtig ist zudem bei allen Schiffen mit negativer Heckform, daß der Pendelarm fast aller Pendelrudersysteme verti-

Die *Blue Papillon*, eine 29-m-JONGERT, gesteuert von einem SEGATRON-Autopilot.

Die *Olaf Trygvason*, ein 16-m-Pilot-Cutter, gesteuert von einem PACIFIC-Windsteuersystem.

Dieses »S & S«-Unterwasserschiff garantiert angenehmes Seeverhalten.

Ein modernes Unterwasserschiff mit Balanceruder. Es ist schnell, bietet aber kein sehr angenehmes Seeverhalten.

Integralschwert-Schiffe eignen sich gut für raume Kurse, segeln aber nicht so gut am Wind.

Extrem ULDB Stand
1996: *Budapest*
in Slowenien.

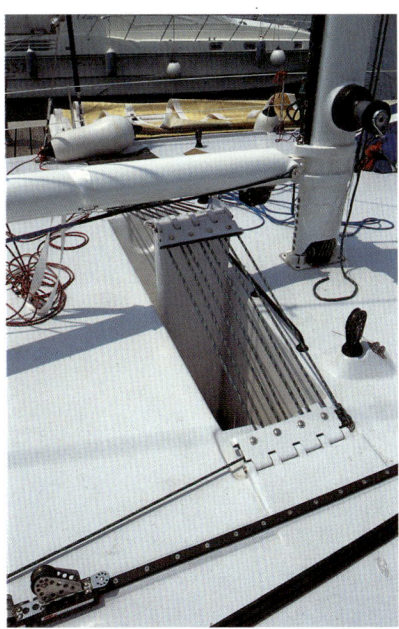

Der Schwenkkiel wird mechanisch über
eine Winsch verstellt.

Gesteuert wird über Joystick.

Gudrun Calligaro an Bord ihrer *Mädchen* bei ihrer Rückkehr von der Einhand-Weltumsegelung mit PACIFIC.

Ein Windsteuersystem steuert besser als jeder Rudergänger.

HYDROVANE

MONITOR

ATOMS

NAVIK

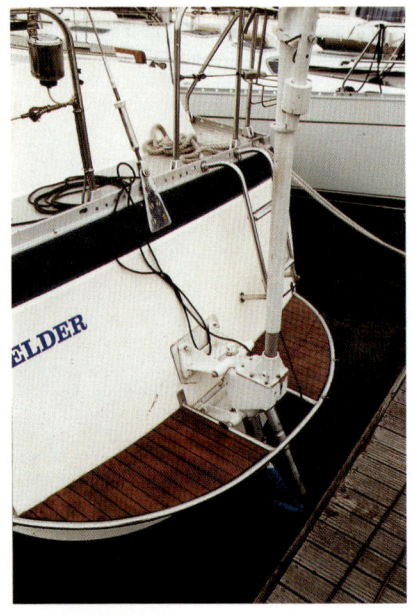

SAILOMAT 3040

SAILOMAT 536

SAILOMAT 601

FLEMING

Ur-ARIES

ARIES Standard

ARIES Lift-up

SCHWING PILOT

PACIFIC alt (Vordergrund) und neu.

PACIFIC LIGHT

PACIFIC

PACIFIC PLUS

Die ARIES muß so angebaut werden, daß der Pendelarm von der unteren Spiegelkante freikommt.

kal nach unten weist. Dies bedeutet, daß das System u. U. weit nach achtern überhängend montiert werden muß, damit der Ruderschaft von der unteren Spiegelkante freischwingt.

Unnötig zu erwähnen, daß dies Gewichtsnachteile mit sich bringt. Sämtliche Pendelrudersysteme besitzen vertikal schwingende Pendelarme außer PACIFIC und SAILO-MAT. Bei diesen ist die Pendelruderachse nach achtern um 10 bzw. 25 Grad angestellt. Für negative Hecks (die überwiegende Mehrzahl aller Heckformen) bedeutet das: Das System kann dicht am Heck montiert werden, der Pendelruderschaft schwingt trotzdem von der Spiegelunter- oder -achterkante frei. Beim Hochschwenken ist auch der Pendelruderarm im Schutzbereich vor

der unteren, achteren Spiegelkante. Dies ist bei engen Hafenmanövern oder bei rückwärtigem Anlegen im Mittelmeer ein gewichtiger Vorteil, da kein Bauteil über das Schiff herausragt.

Montageplatz

Fast unnötig zu erwähnen: Der richtige Platz für ein Pendelrudersystem ist ausschließlich die Spiegel-Mitte. Nur durch symmetrische Arbeitsweise ist eine reibungslose Funktion sichergestellt. Wenn aus Gründen der Rücksichtnahme auf vorhandene Badeleitern die Pendelruderanlage für seitliche Montage vorgeschlagen wird, ist dies keine gute Lösung. Im Gegensatz zur Windsteueranlage ist eine Badeleiter auf See nicht wichtig.

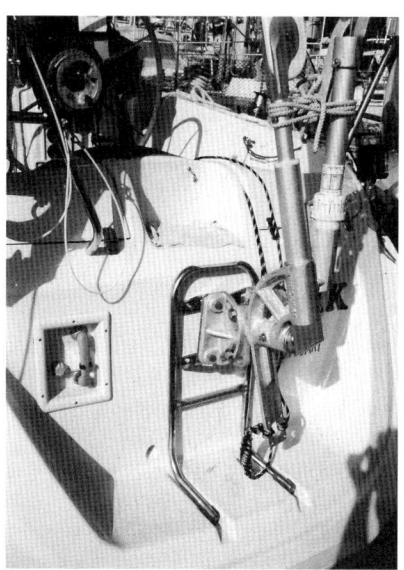

Montage innerhalb der Badeleiter: PACIFIC.

Sie zu benutzen, ist auf See sogar gefährlich, da bei unruhiger See für einen Mann über Bord, der Platz unterm Heck des Schiffes gefährlich ist. Eine Sicherheitsleiter sollte über die Seite ausgebracht werden.

Moderne Systeme können mit ihrem kleinen Montageflansch innerhalb der Badeleiter montiert werden, da sie nach Benutzung leicht abzunehmen sind.

Spiegelverstärkung
innen notwendig?

Pendelrudersysteme arbeiten servodynamisch. Die Befestigung am Heck hat im wesentlichen nur die Kraft auszuhalten, mit der über die Leinen am Hauptruder gezogen wird und natürlich das Eigengewicht der Anlage. Statische Belastungen, etwa durch Seeschlag, treten nur geringfügig auf.

Diese Befestigung der PACIFIC auf einem 25-t-Schiff reicht aus.

Eine brechende See wird eher das ganze Schiff leewärts versetzen, als daß das Pendelruder seine Position in der Strömung verläßt. Selbst in diesem Fall wirkt die Verbindung zum Hauptruder als »Rutschkupplung« federnd auf jede Bewegung, da Pinne oder Rad beweglich sind. Betrachten Sie einmal die Befestigung (4 Bolzen) der PACIFIC auf dem, im Titelfoto gezeigten schweren Gaffelkutter (siehe Bild links unten).

Die Befestigung sieht zwar filigran aus, hat sich aber seit elf Jahren, auch auf ausgedehnten Blauwasserreisen, als jederzeit stark genug erwiesen.

Bei Schiffen aus Holz, Aluminium, Stahl oder massiv laminiertem GFK ist eine zusätzliche Spiegel-Innenverstärkung nicht notwendig. Lediglich bei in Sandwich gebauten Schiffen empfiehlt sich der Einbau zusätzlicher Holzklötze oder Aluminiumbleche anstelle von Sandwich-Material an belasteteten Stellen.

Die scheinbar größere Lastverteilung auf den Spiegel mit vielen Bolzen (bis zu 16 Bolzen) bei konventionellen Pendelrudersystemen (ARIES, FLEMING, MONITOR) ist technisch nicht erforderlich und optisch keine Zierde fürs Heck.

Benutzerfreundlichkeit

Abnehmbarkeit

Bei der Verwendung von Pendelrudersystemen auf Blauwassertörns ist die leichte und schnelle Abnehmbar-

Platzbedarf der MONITOR.

keit einer Anlage nicht von elementarer Bedeutung. Bei jeder anderen Nutzung, z.B. wenn Kollision droht oder bei Diebstahlgefahr während langer Liegezeiten im Winterlager, ist es ein Vorteil, wenn das System einfach demontiert werden kann. Bei der PACIFIC und SAILOMAT 600 ist dies durch Lösen nur eines Bolzens möglich, bei fast allen anderen Systemen müssen mehrere Bolzen gelöst werden.

Platzbedarf der PACIFIC.

Handling

Die Alltagstauglichkeit eines Pendelrudersystems ist dann gut, wenn die Bedienung einfach und vor allem das Pendelruder blitzschnell aus dem Wasser geschwenkt werden kann. Nur einfachstes Handling gewährleistet, daß ein System auch wirklich genutzt wird, und sei es, um nur mal eben einen Blick auf die Karte zu werfen. Die Handling-Nachteile konventioneller Pendelrudersysteme

sind sicherlich, neben optischen Gründen, der Hauptgrund, warum viele Segler zunächst Autopilot-Systeme installiert haben.

Hafenmanöver unter Maschine rückwärts sind nur möglich, wenn ein Pendelruder zuvor aus dem Wasser gebracht wird, da ansonsten das Manöver abrupt endet, wenn das Pendelruder (welches nicht festgesetzt werden kann), von achtern angeströmt wird und an vorhandene seitliche Anschläge schlägt.

Bei modernen Systemen ist das Pendelruder jederzeit einfach hochzuschwenken, allerdings muß dazu die Schiffsgeschwindigkeit vorher reduziert werden, da ansonsten der Pendelarm gegen den starken Druck des vorbeiströmenden Wassers nicht bewegt werden kann. Bei konventionellen Systemen muß zunächst eine Rastung am Ruder gelöst werden, bevor das Ruder unten in der Rudergabel hoch oder zur Seite geschwenkt werden kann.

Abmessungen und Gewicht

Die voluminösen Abmessungen und das teils recht hohe Gewicht der Pendelrudersysteme haben stark dazu beigetragen, daß viele Segler in den vergangenen Jahrzehnten dieser Systemart den Rücken gekehrt haben. Moderne Systeme haben diese Nachteile nicht mehr. Das durchschnittliche Gewicht konventioneller Pendelrudersysteme betrug früher ca. 35 kg, heute bringt ein modernes System lediglich etwa 20 kg auf die Waage, obwohl es in den wesentlichen Bauteilen sogar erheblich stärker ausgeführt ist.

Vor- und Nachteile

Das hervorstechende Merkmal aller Pendelrudersysteme ist ihre enorme Servokraft, die stark genug ist, um selbst große Schiffe von 60 Fuß und 30 Tonnen zu steuern, wenn gute Übertragungsverhältnisse gegeben sind. Unter normalen Umständen wird eine Pendelanlage das Schiff steuern, sowie Fahrt durchs Wasser gemacht wird und die Strömung das Pendelruder zur Seite scheren läßt. Gegenüber einfachen Hilfsrudersystemen erzeugt die Pendelruderanlage ein Vielfaches an Kraft.

Als Nachteil ist festzustellen, daß die Leinenübertragung sorgfältig arrangiert werden muß. Fehler an dieser Stelle führen zu verringerter Leistung bis zum Totalausfall. Angesichts der begrenzten Leinenzuglänge von 25 cm, führen längere Übertragungswege zwangsläufig zu schlechteren Steuerergebnissen. In der Praxis läuft das Schiff irgendwann aus dem Ruder, wenn keine Leinenzugreserve vorhanden ist. Bei radgesteuerten Schiffen verschlechtern sich die Steuerqualitäten je nach Übertragungsgegebenheiten.

Bei Radsteuerung im Mittelcockpit wird eine vernünftige Kraftübertragung aufgrund notwendiger, enorm langer Übertragungswege recht schwierig. Auch die Verwendung von Edelstahldrähten für die Übertragungsleinen kann hier manchmal nicht helfen, da dann andere Probleme (Blockfraß) auftreten.

Die Verwendung eines Pendelrudersystems als Notruder ist nicht möglich, da der Pendelarm nicht gut fixiert werden kann, und zudem im Ernstfall die Fläche des Ruderblattes einfach viel zu gering ist, um ausreichende Steuerfunktion zu gewährleisten. Ruderbruch geschieht nicht bei ruhiger See, sondern in schwierigen Verhältnissen, wenn 0,1 qm Ruderfläche einfach nicht ausreichen, um befriedigende Steuereigenschaften zu erbringen.

Pendelrudersysteme mit V-Fahne werden bei HASLER und SCHWING-PILOT eingesetzt.

Pendelrudersysteme mit H-Fahne:
a. Gierdämpfung durch Kegelradgetriebe: ARIES, FLEMING, MONITOR, PACIFIC.
b. Gierdämpfung in anderer Form: CAP HORN, SAILOMAT.
c. Ohne Gierdämpfung: ATOMS, ATLAS, NAVIK.

Doppelrudersystem

Funktionsweise

Die Kombination eines kraftvollen Pendelrudersystems mit einem hauptruderunabhängigen Hilfsruder vereinigt die Vorteile beider Systemarten und bringt die besten Steuerergebnisse. Das Hauptruder wird als Trimmklappe verwendet und festge-

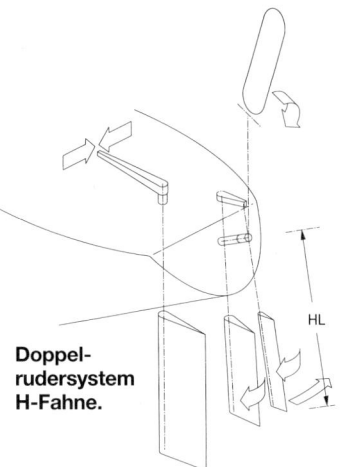

Doppelrudersystem H-Fahne.

setzt, so daß die Doppelruderanlage lediglich Kurskorrekturen vornehmen muß, unbelastet von jeglichem Luvdruck.

Steuersignal	*= Wind,*
Steuerkraft	*= Wasser,*
Steuerung	*= Hilfsruder,*
Servokraft-	
Hebelarmlänge (HL)	*= bis 200 cm.*

Systemeignung

Diese Systemart eignet sich besonders für den Einsatz an Schiffen, bei denen:

1. der Einsatz eines einfachen Hilfsruders aufgrund der Schiffsgröße oder des Gewichts nicht mehr möglich ist;
2. der Einsatz eines Pendelruders aufgrund langer Übertragungswege zum Hauptruder an Wirksamkeit verliert, insbesondere bei Schiffen mit Mittelcockpit;

3. für ausgedehnte Reisen mit kleiner Crew einfach die allerbesten Steuerergebnisse gewünscht werden;
4. das Vorhandensein eines Notruders als wichtig erachtet wird, z.B. wenn das Hauptruder nicht durch Skeg geschützt ist;
5. hydraulische Ruderanlagen installiert sind. Für derartige Schiffe kann ausschließlich ein Doppelrudersystem zur Selbststeuerung eingesetzt werden (siehe auch Bemerkungen zur hydraulischen Radsteuerung).

Weltweit wurden nur zwei Doppelrudersysteme in Serie gefertigt:

SAILOMAT 3040
Eine H-Fahne gibt das Steuersignal an ein in seiner Achse ca. 20 Grad geneigtes Pendelruder, dessen obere Achsverlängerung gegenläufig kraftschlüssig mit dem Hilfsruder verbunden ist. Die Gierdämpfung wird hier durch Achsschrägstellung erreicht.

Das besondere Merkmal dieser 1974 erstmals gebauten Anlage ist das kompakte Getriebegehäuse, dessen Ober- und Unterseite gleichzeitig zur Befestigung am Heck verwendet wurden. Dadurch ist der Abstand zwischen der oberen und unteren Befestigungstraverse gering, ein Konstruktionsmerkmal, das großflächige Verstärkungen im Heck an GFK-Jachten erforderlich machte, da die Lasten am Spiegel bei Hilfsrudersystemen sehr groß sind. Die Produktion wurde Ende der Achtziger Jahre eingestellt.

Die Befestigungspunkte bei Hilfsrudersystemen, also auch bei Doppelrudersystemen, sollten vorzugsweise sehr weit auseinander liegen, damit eine gute Lastverteilung am Spiegel gegeben ist. Vibrationen können dann kaum auftreten, da der Spiegel naturgemäß im oberen und unteren Bereich formstabiler ist, als in der Mitte.

Nachteil dieses Systems, neben seinem hohen Preis, ist die schwierige Handhabung im Alltagsgebrauch, da das Pendelruderblatt nur umständlich nach unten zu demontieren ist, z.B. bei Hafenmanövern. Konstruktionsbedingt ist der seitliche Schwenkradius des Pendelruderarmes begrenzt. Bereits bei 20 Grad seitlicher Scherbewegung schlägt

SAILOMAT 3040.

der Pendelruderkopf im Getriebekasten an seine Anschläge, was in schwerer See durchaus Schwierigkeiten bereiten kann. Auf ihrer vielbeachteten Reise mit der *Express Crusader* rund um den Globus hat Naomi James insgesamt mehr als eine Handvoll Ersatzruder benötigt, um den Törn erfolgreich beenden zu können.

PACIFIC PLUS

Seit der Markteinführung der PACIFIC PLUS im Jahre 1986 ist dieses System heute weltweit das wohl einzige in Serie gebaute Doppelrudersystem. Es vereinigt alle positiven Konstruktionsmerkmale von Windsteuersystemen der vergangenen Dekaden in Bezug auf: Gierdämpfung durch

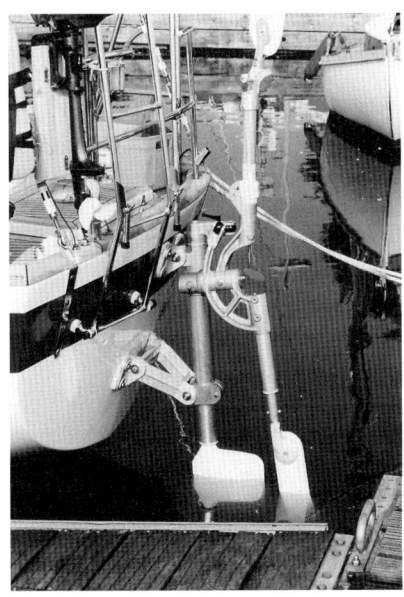

PACIFIC PLUS.

Kegelradgetriebe, 20 Grad geneigte H-Fahne, optimale Steuerergebnisse, Lift-Up des Pendelruders bei Nichtgebrauch der Anlage, Fernbedienung durch Endlos-Schneckentrieb, Notruder-Verwendbarkeit, modernes Design, leichte Montierbarkeit durch Modulbauteile und Abnehmbarkeit des Pendelteils.

Die direkte Kraftkoppelung des PACIFIC-Pendelrudersystems auf das unmittelbar davor laufende Hilfsrudersystem bedeutet, daß es keine Übertragungsverluste (durch Lose, Reck oder Lagerreibung) wie bei Pendelrudersystemen mit Leinenübertragung auf das Hauptruder gibt. Zudem arbeitet das Hilfsruder am äußersten Ende des Schiffes, am besten Krafthebelarm, besonders wirkungsvoll.

Einsatzgebiet

Doppelrudersysteme werden überwiegend in der Blauwassersegelei eingesetzt, da hier ihre überragenden Steuerqualitäten besonders zum Tragen kommen.

Beim Urlaub- und Wochenendsegeln bedeutet ein Doppelrudersystem ein gewisses Handicap, da bei Hafenmanövern ein Hilfsruder im Wasser die Manövriereigenschaften immer etwas behindert.

Bei kleiner Crew auf großer Fahrt kann die Steuerqualität eines Windsteuersystems nicht gut genug sein. Steuerungsmängel, bedingt durch falsche Systemauswahl oder Probleme in den Übertragungselementen

(Pendelrudersysteme), offenbaren sich immer in schwierigen Wind- und Seegangsverhältnissen, wenn Steuern von Hand besonders unangenehm ist.

Grenzen aller Windsteuersysteme

Bei Flaute gibt der Wind kein Signal. Ist hingegen soviel Wind vorhanden, daß die Segel stehen und das Schiff Fahrt macht, wird ein sensibles Windsteuersystem bereits steuern. Beim Pendelrudersystem sind mindestens ca. 2 kn Fahrt durchs Wasser erforderlich, um genügend Kraft am Pendelruder und in den Übertragungsleinen zu erzeugen, damit das Hauptruder gedreht werden kann. All dies funktioniert nur bei ruhiger See. Läßt alter Seegang die Segel einfallen, ist der Vortrieb dahin und auch ein Windsteuersystem am Ende seines Lateins. In diesem Fall hilft dann nur noch ein Autopilot.

Bei stärkerem Wind wird die Kraft des Steuersignals der Windfahne zunehmend größer, und die Kraft des Pendelruders wird durch die höhere Schiffsgeschwindigkeit verstärkt. Das Steuerergebnis wird also generell besser.

Die Grenze ist dann erreicht, wenn brechende Seen ein Steuern von Hand erforderlich machen, denn ein Windsteuersystem hat keine Augen, kann brechende Seen nicht aussteuern, sondern steuert mitten hindurch, was durchaus gefährlich für Schiff und Mannschaft werden kann.

Internationale Hochseeregatten

Die Erfahrungen mit Schiffen der 60-Fuß-OPEN CLASS haben gezeigt, daß das Geschwindigkeitspotential dieser ULDB (Ultra light deplacement boats) zu groß ist, um ein Windsteuersystem wirksam einzusetzen.

Das läßt sich dadurch erklären, daß jede Veränderung der Windstärke zu einer Veränderung der Schiffsgeschwindigkeit und damit zu einer Veränderung des scheinbaren Windeinfallswinkels führt.

Frischt der Wind auf, beschleunigt das Schiff und umgekehrt. Gleichzeitig kommt der scheinbare Wind vorlicher oder achterlicher ein, und der Windeinfallswinkel wird kleiner oder größer. Ein auf diesen Windeinfallswinkel eingestelltes Windsteuersystem wird also abfallen oder höher an den Wind gehen, um jeweils den eingestellten Kurs-Winkel beizubehalten.

Bei Einrumpfbooten, insbesondere Fahrtenschiffen, deren theoretische Höchstgeschwindigkeit immer im Bereich Ihrer Wasserlinienlänge in Knoten begrenzt ist, bedeutet dies immer nur eine moderate Veränderung der Geschwindigkeit und damit begrenzte Veränderung des Windeinfallwinkels.

Bei Einrumpf-ULDB hingegen, deren Höchstgeschwindigkeit eben nicht begrenzt ist, da die konstruktive Auslegung von Rumpfform, Unterwasserschiff, Kiel, Gewicht und Segelfläche das Surfen schon bei mittleren

Windstärken erlaubt, bedeutet dies eklatante Veränderungen des scheinbaren Windeinfallswinkels. Hier wird die Grenze für die Einsetzbarkeit eines Windsteuersystems sichtbar, da die ausschließliche Steuerung nach dem Windeinfallswinkel auf Schiffen dieser Art irgendwann das Rigg kosten wird, z.B. bei einer plötzlichen Patenthalse.

Nandor Fa, ungarischer Extremsegler, der einmal am BOC und zweimal am Vendée Globe teilgenommen hat, rechnet für seine im März 1996 getaufte *Budapest* mit maximalen Geschwindigkeiten von 25 Knoten. 1992 hatte er mit seiner Jacht *K & H Bank* über Wochen einen Wachrhythmus von nur 10 Minuten Wachen/Schlafen durchgehalten, um jederzeit Kontrolle über das tagelang im Surf dahinjagende Schiff zu halten.

Gleitfähige Schiffe sind raumschots und bei halbem Wind von einem Windsteuersystem nicht zu steuern. *Cruising World* schreibt in Ausgabe 9/95 über den Einsatz von Windsteuersystemen beim BOC: »... the current boats accelerate and decelerate at such extreme rates, that wind vane steering gears appears on few and conservative boats.« (... heutige Schiffe beschleunigen und verlangsamen derart extrem, daß Windsteuersysteme nur noch auf wenigen und konservativen Schiffen zu sehen sind.«)

Entscheidungskriterien

Materialien

Die Herstellungsweise von Windsteuersystemen bestimmt meist die Art der verwendeten Materialien. Handwerklich hergestellte Systeme werden überwiegend in Edelstahl fabriziert. Ansprechendes Design ist dabei schwierig zu realisieren, da Funktionalität das Äußere bestimmt. Diese Art von Systemen ist mitverantwortlich, daß viele Segler davor zurückschrecken, ihr schönes Heck mit einem Windsteuersystem zu verunzieren.

Darüber hinaus besitzen handwerklich hergestellte Systeme fast immer eine gewisse Fertigungstoleranz; ein Rohr verformt sich eben beim Schweißen. Das Argument einer ggf. besseren Reparaturfähigkeit ist in der Praxis kaum beständig, da z. B. ein bei Kollision verbogenes System kaum mit Bordmitteln wieder zu richten sein wird.

Industriell gefertigte Systeme werden meist in Aluminium gebaut. Die Verwendung von Sand- oder Kokillengußteilen sowie der Einsatz von CNC-gesteuerten Werkzeugmaschinen erlauben eine äußerst exakte Fertigung mit identischer Paßgenauigkeit. In Bezug auf Formgebung und Design stehen bei dieser Fertigungsweise alle Türen offen.

Aluminium ist nicht gleich Aluminium. Ein Großteil aller aus diesem Werkstoff gebauten Windsteuersysteme wird in der Qualität Almg 3 gefertigt, besser ist jedoch Almg 5, da diese Legierung absolut seewasserbeständig ist. Zum Vergleich: Wenn Schiffe aus Aluminium gebaut werden , kommt das Material Almg 4,5 zum Einsatz. Oberflächenschutz wird erreicht, durch Lackieren (SAILOMAT) oder Eloxieren (HYDROVANE, ARIES, PACIFIC).

Lager

Kugel-, Nadel- oder Pendellager eignen sich für den Einsatz in schwer belasteten Bereichen, wie Winschen, Vorsegelumlenkungen, Rigg und Hauptruderlagerung. Bei Windsteuersystemen, d.h. im Bereich der Steuersignalübertragung von Windfahne zum Getriebe treten kaum Lasten auf, weshalb aufwendige Lagerung unnötig ist. Im Bereich der Hauptlager und Pendelachslager können diese Lager verwendet werden. Wenn sie jedoch durch Simmeringe vor dem Eintreten von Salzwasser/Salzkristallen geschützt werden, geht Leichtgängigkeit wieder verloren. Offene Kugellager verlieren durch kristalline Ablagerungen ihren leichten Lauf. Diese Lager benötigen eine gewisse Wartung.

Gleitlager aus PE, POM, DELRIN oder PTFE TEFLON erzielen ihre guten Gleiteigenschaften durch eine gewisse Feuchtigkeitsaufnahme (Luft/Wasser), sie werden dabei geringfügig größer. Kristalline Ablagerungen oder Schmutz im Lager verändern die Gleiteigenschaften wenig. Im Langzeitbetrieb sind Gleitlager unproblematischer, langlebiger und einfacher zu ersetzen.

Achtung: Schmieren oder Fetten von Gleitlagern führt zu Problemen, da durch Verharzen und Elementbildung mit Salzwasser die guten Eigenschaften verloren gehen. Hierzu ein Tip: Edelstahlschrauben können, mit Lanolin (Wollwachs) in Aluminium eingesetzt, selbst nach Jahren leicht gedreht werden.

Auch am Mast und in anderen Bereichen, wo Schrauben oder Befestigungsteile über lange Zeiträume stets beweglich bleiben müssen, ist Lanolin ideal.

Selbstbau

Der Selbstbau von Windsteuersystemen hat in den Buchpublikationen vor 20 Jahren ein ganzes Kapitel gefüllt.

Dies ist sicherlich im Zusammenhang damit zu sehen, daß damals die durchschnittliche Schiffsgröße, die mit Windsteuersystemen ausgerüstet werden sollte, einen Größenbereich nicht überschritt, bei dem der Gedanke, in Do-It-Yourself-Bauweise ein System in Eigenbau herzustellen, nahelag. Die durchschnittliche Größe der auf Blauwassertörn angetroffenen Schiffe liegt heute eher bei 12 Meter, teils sogar erheblich darüber. Der Ausrüstungsstandard dieser Schiffe ist nahezu perfekt, die verfügbare Kapitaldecke erheblich größer, der Selbstbau weniger sinnvoll.

Für den Low-Budget-Jachtsman, der dennoch in Erwägung zieht, aus Kostengründen, ein Windsteuersystem selbst zu bauen, wird auf die älteren Publikationen zu diesem Thema im Anhang verwiesen.

Ich möchte an dieser Stelle jedoch zu bedenken geben, daß der Gebrauchtmarkt vernünftiger Windsteuersysteme heute recht ergiebig ist. Es ist durchaus möglich, hier ein preisgünstiges System zu erwerben, insbesondere weil für kleinere Schiffe einige Modelle in Frage kommen, die für größere Schiffe nicht mehr verwendet werden können. Aus diesem Grunde werden in der im Anhang gezeigten Marktübersicht auch Systeme aufgeführt, deren Produktion bereits eingestellt wurde.

Bei der Planung einer größeren Reise mit kleinerem Schiff kann ich nur inständig raten, ein funktionstüchtiges, aber bewährtes System zu erwerben, statt sich einem Eigenbau-System anzuvertrauen, das im Ernstfall seine Schwächen hat. Dies hieße dann in der Praxis: Der Skipper steuert selbst, oder die Reise ist vorzeitig beendet.

Schiffstypen

Ein Schiff zu wählen, kann zur Qual werden, weil man sehr viele Fehler machen kann, die man erst später erkennt, auf See, oder in besonderen, meist schwierigen Situationen. Darum soll hier kurz untersucht werden, worauf es ankommt. Wir unterscheiden:

Langkieler

Dieser klassische Schiffstyp hat einige Jahrzehnte lang im Jachtbau dominiert. Der lange Kiel versprach gute Kursstabilität, enorme Seetüchtigkeit und konstruktiv ein stabiles Rückgrat für jede Jacht. Das Ruder wurde achtern am Kiel angehängt. Die S-Spant-Bauweise in Verbindung mit V-förmigem Spantverlauf im gesamten Vorschiffsbereich garantiert überaus weiches Einsetzen in die See und damit ein bequemes, ruhiges Schiff.

Die legendären, kühnen Rettungsfahrten des Norwegers Colin Archer, der mit seinem unmotorisierten Spitzgatt-Kutter selbst bei orkanartigen Windstärken im Nordatlantik in Seenot geratenen Fischern zur Hilfe kam, leben heute noch fort in den Köpfen einer rund um den Globus treuen Fangemeinde. Unzählige Schiffsneubauten sind durch diesen Mann befruchtet worden und stehen synonym für nahezu uneingeschränkte Seetüchtigkeit. Das Zeichen CA ist Seglern aller Nationalitäten ein fester Begriff.

Auch Bernard Moitessier hat sich für diesen Konstruktionstyp entschieden. Mit seiner *Joshua* segelte er jene legendäre Regatta rund um die Welt, bei der er den Sieg verschenkte, um geradewegs Kurs auf die Südsee zu nehmen. Dieser Schiffstyp wird heute unter der Bezeichnung »Joshua« fast unverändert gebaut.

Auf unser Thema bezogen bedeutet ein Langkieler: Das Schiff segelt mit guter Kursstetigkeit geradeaus. Läuft es allerdings aus dem Ruder, ist die notwendige Steuerkraft groß, um wieder auf Soll-Kurs zu kommen, da das Hauptruder nicht balanciert ist. Windsteuersysteme sollten schon servo-unterstützt arbeiten, Autopiloten nicht zu schwach dimensioniert sein. Das Handling derartiger Schiffe bei Hafenmanövern verlangt starke Nerven und einen kühlen Kopf vom Skipper, oder einfach ein paar große Fender.

Ob die Seetüchtigkeit oder Sicherheit dieser Schiffe größer ist als die von gemäßigten Langkielern, darüber ist viel geschrieben worden. Tatsache ist, daß die relativ stabile Lage in der See eben auch den Nachteil hat, daß schnelle Ausweichmanöver vor brechenden Seen oder beschleunigtes Ablaufen im Sturm erschwert sind. Infolge der großen Lateralflächen ist in schwerem Wetter die Abdrift gering, was aber die Gefahr des Durchkenterns verstärkt. Die geschützte Position des Hauptruders hinter dem Kiel sowie die solide Befestigung von oben bis unten ist allerdings die sicherste, die man sich denken kann.

Gemäßigte Langkieler

Das Konstruktionsbüro SPARK-MANS & STEPHENS hat in den Sechziger und Siebziger Jahren viele Schiffe gezeichnet, deren Risse heute als Klassiker gelten. Alle alten Swan-Jachten besaßen einen gemäßigt langen Kiel sowie ein Ruder, das an einem soliden Skeg befestigt war. Der Spantverlauf ähnelt dem der Langkieler. V-förmige Spanten im Vorschiffbereich sichern auch hier angenehmes Seeverhalten, weiche Schiffsbewegungen und Ruhe unter Deck. Diese Schiffe sind ebenfalls enorm seetüchtig, durch die geringere benetzte Oberfläche allerdings schneller, und unter Maschine, auch bei Rückwärtsmanövern, besser zu beherrschen.

Ein gemäßigter Langkieler ist gut zu steuern, da diese Art Schiff mit geringeren Steuerkräften auf Kurs zu halten ist, gleichzeitig aber genügend Lateralfläche für gute Kursstetigkeit besitzt. Der Balanceanteil des Ruderblattes unter dem Skeg sorgt dafür, daß die notwendigen Steuerkräfte geringer sind als beim Langkieler.

Für Autopiloten und Windsteuersysteme ist dieser Schiffstyp gleichermaßen ideal.

Bei Betrachtung der großen Flotte, die sich alljährlich durch den Flaschenhals der Kanarischen Inseln in Richtung Warmwasser auf die Reise macht, zeigt sich die klare Favoriten-Rolle der gemäßigten Langkieler mit Ruder am Skeg. Klassische Fahrtenschiffe von Hallberg Rassy, Moody, Najad, Nicholson, Oyster, Amel und Westerly fallen sämtlich unter diese Kategorie. Die Bedeutung eines kräftigen Skegs zum Schutz und zur besseren Lagerung des Hauptruders vermag jeder Segler erst nach der Stunde Null zu schätzen; d.h. nach Grundberührung, Kollision mit Treibgut oder bei Sturm.

Kurzkiel mit Balanceruder

Dieser Schiffstyp ist heute weit verbreitet, die möglichen Geschwindigkeiten sind größer und die Manövriereigenschaften in engen Häfen kaum noch zu verbessern. Der Spantverlauf im Vorschiff ist trapezförmig, im Achterschiff dagegen breit und flach. Das ist gut für die Länge der Wasserlinie, also die Geschwindigkeit und förderlich für das Surfen, aber schlecht für den Komfort an Bord. Diese Schiffe setzen nicht weich in die See, sondern knallen hart aufs Wasser. Segeln mit ihnen ist unbequem und laut. Für den Normalsegler wird dies kaum ins Gewicht fallen, das Ausmaß des Komfortunterschiedes wird erst auf ausgedehnten Reisen deutlich.

Angesichts kleiner Auflageflächen der Kiele unter dem Schiffsboden sowie ungeschützter Ruderblätter bewundere ich allerdings schon manchmal den Mut einiger Skipper, die mit diesen Konstruktionen ausgedehnte Blauwasserreisen unternehmen, ohne zumindest ein Notruder an Bord zu besitzen.

Für ein Windsteuersystem ist ein Kurzkieler leicht zu beherrschen, sofern die Steuersensibilität groß ist, so daß frühzeitig und schnell das Steuersignal für Gegenruder gegeben wird. Für Autopiloten gilt das gleiche, auch wenn das teilweise schnelle Gieren hier die eingebaute Elektronik in Bezug auf ihre Intelligenz auf eine harte Probe stellt.

Bei Extrem-Schiffen, die aufgrund ihrer Konstruktion ins Gleiten geraten können, ist ein Limit für den Einsatz von Windsteuersystemen gegeben, siehe dazu auch das Kapitel »Grenzen aller Windsteuersysteme«. Autopiloten können diese Schiffe nur mit starken Motoren oder Pumpen steuern, damit kraftvoll und schnell Gegenruder gegeben werden kann.

Kiel- oder Integralschwert

Die konstruktionsbedingt größere Breite dieser Schiffe, die ihre Anfangsstabilität bei höher liegendem Ballast eben über die Schiffsbreite erzielen, ist verantwortlich für die große Trimmsensibilität. Zunehmende Krängung bedeutet fast immer zunehmende Luvgierigkeit, für jede Systemart also härtere Arbeit. Der Spantverlauf im Vorschiff verspricht generell ein weniger bequemes Seeverhalten, da meist trapezförmige Linien vorherrschen. Auf dem französischen Markt gibt es eine Vielzahl Schiffe, die neben dem Integralschwert noch ein weiteres, kleineres Trimmschwert besitzen. Diese Schiffe sind besser auszutrimmen.

Mehrrumpfboote
Katamarane

Katamarane weisen für den Einsatz von Selbststeuersystemen folgende Merkmale auf: Bedingt durch die relativ lange Schwimmwasserlinie und das Fehlen jeglichen Ballastes, ist die Kursstabiltät recht groß. Der vorhandene Ruderdruck ist relativ gering, das Schiff läßt sich gut beherrschen.

Im Unterschied zu Einrumpfbooten jedoch bedeutet jede Windstärken-Änderung immer eine eklatante Beschleunigung und damit einen deutlich sich verändernden Windeinfallswinkel. Das gleiche gilt umgekehrt: Beim Abflauen des Windes wird das Schiff langsamer, der Wind fällt raumer ein.

Gesetzmäßigkeit: Zunehmender Wind bedeutet beim Einrumpfboot zunehmende Krängung und geringfügige Beschleunigung. Der scheinbare Wind fällt nur geringfügig spitzer ein. Beim Mehrrumpfboot kommt es zu keiner Krängung, aber zu starker Beschleunigung. Der Wind fällt erheblich spitzer ein.

Diese Gesetzmäßigkeiten haben dazu geführt, daß auf Katamaranen bislang fast ausschließlich Autopiloten zum Einsatz gekommen sind. Auf ausgedehnten Reisen jedoch kann auch der Einsatz eines Windsteuersystems vorteilhaft sein.

Katamarane können perfekt von einem Pendelrudersystem gesteuert werden. Das große Geschwindigkeitspotential bedeutet auf das Pendelrudersystem bezogen, daß hier große Steuerkräfte erzeugt werden.

Bei gleichmäßigen Windstärken und konstantem Windeinfallswinkel, kann ohne weiteres die Windfahne als Steuersignalgeber verwendet werden. Dies geht jedoch nicht bei wechselnder Windstärke oder böigem Wetter, da das Windsteuersystem dann Schlangenlinien steuern würde. In diesem Fall wird die Windfahne als Steuersignalgeber abgenommen und durch einen kleinen Autopiloten (Cockpit-Piloten) ersetzt. Ein Pendelrudersystem kann allerdings nur dann eingesetzt werden, wenn eine einwandfreie Übertragung auf die Hauptruder möglich ist. Dazu sollte keinesfalls die Kraft über einen Radadapter auf das häufig weit entfernte Radsteuersystem umgelenkt werden. Die Übertragung auf die Notpinne ist nur möglich, wenn die Radsteuermechanik ausgekuppelt werden kann. Dies ist allerdings nur sinnvoll, wenn der Rudergänger jederzeit, über die Notpinne in erreichbarer Nähe von Hand steuern kann.

Der bessere Weg: Die mechanische Verbindung zwischen den beiden Rudern wird getrennt. Ruder Nr. 1 bleibt mit dem Radsteuer verbunden, für das Steuern von Hand und den Feintrimm beim Steuern mit dem Windsteuersystem. Ruder Nr. 2 wird über Notpinne und Leinenverbindung vom Pendelrudersystem gesteuert.

Bei Hydrauliksteuerung kann ebenso verfahren werden.

Hilfsruder- oder Doppelrudersysteme eignen sich nicht für den Einbau auf Katamaranen. Die Befestigung unten in Wassernähe ist nicht möglich, da der achtere Beam weit über Wasser liegt. Auch gegen Treibgut wäre ein Hilfsruderblatt nicht durch das Hauptruder geschützt.

Trimarane

Diese Schiffe verfügen über nur ein Ruderblatt, das einfacher angesteuert werden kann als bei Katamaranen. Soweit Pinnensteuerung oder mechanische Radsteuerung vorhanden ist, können Pendelrudersysteme verwendet werden. Der Einsatz von Hilfsrudersystemen ist weniger empfehlenswert, da das Hauptruder meist unmittelbar am Heck installiert ist, Hilfsrudersysteme also nicht gut positioniert werden können. Außerdem sind diese Systeme bei den erreichbaren Schiffsgeschwindigkeiten nicht wirkungsvoll genug. Der Einsatz von Doppelrudersystemen empfiehlt sich nicht, da dann drei Ruderblätter dicht hintereinander arbeiten, d.h. das Hilfsruder sitzt zu dicht hinter dem Hauptruder.

Befestigung der Systeme

Die Befestigung eines Windsteuersystems am Heck von Schiffen aus Holz, Stahl oder Aluminium bereitet keinerlei Probleme, da die örtliche Festigkeit dieser Materialien groß genug ist. Verstärkungen an der Spiegel-Innenseite sind kaum notwendig. Wenn sie dennoch vorgenommen werden, dienen sie mehr zur Nervenberuhigung beim Skipper. Bei Kunststoffschiffen, deren Spiegel-Innenseite meist ohne weitere konstruktive Aussteifungen gebaut wird, muß von Fall zu Fall entschieden werden, ob Verstärkungen eingebracht werden müssen. Vergleiche hierzu: Montage der einzelnen Systeme, Last am Spiegel.

Bei GFK-Schiffen, deren Spiegel in Sandwich laminiert wurde, empfiehlt sich in jedem Fall, im Bereich der Befestigungspunkte das Sandwich-Material von innen durch Holz o.ä. zu ersetzen.

Wichtig: Sämtliche Befestigungsteile am Heck ausschließlich von der Außenseite mit Silikon oder Sikaflex abdichten. Wird zusätzlich auch von innen abgedichtet, kann nicht mehr kontrolliert werden, wenn die äußere Abdichtung leckt; Wasser gelangt unkontrolliert ins Laminat.

Badeleiter und Badeplattform

Wenn das Vorhandensein einer mittig am Spiegel montierten Badeleiter der einzige Grund ist, eben kein Windsteuersystem zu montieren, ist dies unter Umständen ein Denkfehler. Der Sicherheitsgedanke, mit Hilfe einer Badeleiter einem ins Wasser gefallenen Segler wieder an Bord zu verhelfen, ist auf See nicht immer realistisch: Die Gefahr, über Bord zu gehen, besteht vor allem bei stürmischer See. Dann ist der Platz unterm Heck überaus gefährlich. Bergungsversuche über die Seite sind sicherer für die Person im Wasser.

PACIFIC PLUS und Badeplattform ideal kombiniert.

Auf Langtörn ist eine Badeplattform die ideale Landverbindung, insbesondere beim Ankerliegen zur Nutzung des Dinghis. Die ideale Höhe über Wasser = ca. 50 cm. Bei französischen Schiffen häufig bereits Standard, entdecken viele Besitzer konventioneller Schiffe erst unterwegs, welcher Segen eine derartige Plattform sein kann. Wer zum ersten Mal versucht, über eine Badeleiter Einkäufe und Treibstoffkanister an Deck zu hieven, der bekommt seine Planungsversäumnisse schmerzlich zu spüren. Beim Süßwasserduschen nach dem Baden bleibt das Salz da, wo es hingehört, wenn die Dusche auf der Plattform eingenommen wird. Richtig geplant, kann die Montage einer Plattform ideal mit dem Anbau eines Windsteuersystems kombiniert werden.

Schiffsgröße

Die Einsetzbarkeit von Windsteuersystemen hat derzeit ihre Obergrenze bei Schiffen von ca. 60 Fuß. Darüber hinaus wird fast ausschließlich elektrisch gesteuert. Das Vorhandensein starker Maschinen sowie Hilfsgeneratoren rechtfertigen den Einbau stärkster Autopiloten.

Eine natürliche Untergrenze ist bei Schiffen von ca. 18 Fuß gegeben, also einer Größe, mit der durchaus heute schon einmal größere Törns, u.U. einhand, unternommen werden. Hier ist insbesondere das Gewicht einer Anlage ausschlaggebend, da 20 kg meist schon zuviel sind.

Synthese von Autopilot und Windsteuersystem

Autopiloten gehören heute häufig schon zur Grundausrüstung eines Schiffes. Im Alltagsgebrauch eines für Urlaub- und Wochenend-Törn ausgerüsteten Schiffes sind sie eine vernünftige Wahl. Beim Segeln über zunehmend größere Distanzen, insbesondere bei kleiner Crew, wird der Einsatz eines Windsteuersystems zunehmend sinnvoller. Beim Blauwassersegeln und der hier enormen Wichtigkeit von Selbststeuersystemen, kann ohne Übertreibung gesagt werden: Es ist ideal, beide Systeme an Bord zu haben.

Eine andere Möglichkeit, die Vorteile beider Systemarten miteinander zu verbinden, wurde in den vergangenen Jahren in nahezu allen wichtigen Magazinen ausführlich beschrieben. In den Köpfen der Segler ist diese genial einfache Lösung jedoch noch nicht angekommen:

Bei Koppelung eines kleinen Schubstangen-Autopiloten (z.B AUTOHELM 800) auf das Gegengewicht eines Pendelrudersystems gibt nunmehr der Autopilot anstelle der Windfahne den Steuerimpuls.

Die Kraftverstärkung und Kraftübertragung erfolgt dann in bekannter Weise. Auf diese Art steuert die Pendelanlage das Schiff kompaßabhängig mit extrem geringem Stromverbrauch, da die zur Bewegung des Windfahnenteils notwendigen Kräfte äußerst gering sind (nur Stellkräfte). Der Vorteil: Eine kleine AUTOHELM 800 kann auf diese Art ein Schiff von 25 Tonnen steuern, da die Steuerkraft des Autopiloten durch die Servokraft des Pendelruders multipliziert wird.

Die im Kapitel »Autopiloten« aufgezeigte, systembedingte Gesetzmäßigkeit zwischen Input/Ouput und Stromenergie/Steuerkraft kann auf diese Weise ausgehebelt werden.

Die Kraftkoppelung von kleinen

Kombination von Autopilot und Windsteuersystem.

Autopiloten ist auf nahezu jeder Systemart von Windsteuersystemen möglich.

Bei *Hilfsrudersystemen* erfolgt die Koppelung auf die kleine Notpinne, allerdings ohne Servoeffekt, da hier nur ein Ruder direkt gesteuert wird. Dieser Weg ist nur sinnvoll, wenn der Schubstangen-Autopilot nicht auf die Hauptruderpinne gesetzt werden kann (da Radsteuerung). Unter Maschinenfahrt verursacht ein auf Notpinne gesetzter Autopilot häufig Vibrationen, da das Hilfsruder im turbulenten Kielwasser des Propellers läuft.

Bei *Pendelrudersystemen* ist diese Kraftkoppelung am sinnvollsten und einfachsten: Irgendwo an der Windfahne oder am Gegengewicht wird der kleine Mitnehmer-Pin des Schubstangensystems befestigt. Wichtig ist, daß an dieser Stelle der maximale Bewegungsweg der Windfahne oder des Gegengewichtes größer ist als die maximale Bewegung zwischen den Endpunkten der Schubstange (bei Autohelm 25 cm), da sonst die Windfahne beschädigt werden kann, wenn die Schubstange Maximalruder gibt.

Bei *Doppelrudersystemen* vergrößert sich der o. g. Vorteil noch einmal, da bei den hier gesteuerten größeren Schiffen das Hauptruder zum Trimmen eingesetzt wird und nun die Anlage leichteres Spiel und bessere Arbeitsbedingungen hat.

Für alle diese Anwendungsbereiche genügt im Grunde eine kleine AUTO-HELM 800. In Bezug auf den Bedienungskomfort einer Handfernbedienung sollte besser die AUTOHELM 1000 verwendet werden, da erst ab dieser Systemgröße eine Fernbedienung lieferbar ist.

Fazit: Die Erfahrung der vergangenen Jahre hat immer wieder gezeigt, daß insbesondere viele weniger erfahrene Blauwassersegler bei ihrer Planung zunächst einseitig die Ausrüstung ihrer Schiffe mit einem Autopiloten vorsehen, der dann aus Sicherheitsgründen besonders stark ausgelegt wird. Nach ersten Erfahrungen, und vielleicht noch in erreichbarer Nähe kontinentaler Versorgungsmöglichkeiten, setzt dann häufig ein radikaler Umdenkungsprozeß ein. Manchmal genügen einige Nachtwachen auf See, um die Rückbesinnung auf die einfachen Lösungen zu veranlassen, z.B. das angenehm geräuschlose Steuern mit dem Wind und einer Windsteueranlage. Viele Eigner haben anschließend festgestellt, daß ihre Investition für einen starken Autopiloten unnötig war, weil der Wind einfach besser steuert. Für den Fall der Flaute betreiben sie fortan ihre Windsteueranlage mit einem Cockpit-Piloten und sind somit für alle Umstände hinreichend ausgerüstet. Der Preis für ein Windsteuersystem plus Cockpit-Pilot ist häufig niedriger, als die Investition für einen Einbaupiloten. Der Nutzen dieser Synthese beider Systeme ist unbestritten größer.

Auf einen Blick

Systemvergleich Autopilot contra Windsteuersystem

Es werden folgende Vorzüge und Nachteile sichtbar:

Autopilot: Vorzüge
- Unsichtbar,
- Kompaktbauweise,
- einfache Bedienung,
- Modulintegration mit Navigationsinstrumenten,
- günstiger Preis (Cockpit-Piloten),
- bei Motormanövern nicht störend,
- jederzeit einsatzbereit.

Autopilot: Nachteile
- Steuersignal vom Kompaß,
- verbraucht Strom,
- Windsensor nicht ideal,
- verzögerte Gegenruderbewegung,
- Arbeitsgeräusche,
- technische Zuverlässigkeit,
- begrenzte Lebensdauer der Antriebsteile,
- Steuerresultate bei zunehmendem Wind oder Seegang schlechter,
- höhere Belastung der Ruderlager durch starre Ruderführung.

Windsteuersystem: Vorzüge
- Steuersignal vom Wind,
- kein Stromverbrauch,
- Steuerresultate bei zunehmendem Wind/Seegang besser,
- sofortige Gegenruderbewegung,
- geräuschlose Arbeitsweise,
- mechanische Zuverlässigkeit,
- robuste Bauweise,
- Hilfsruder = Notruder,
- lange Lebensdauer,
- geringere Belastung der Ruderlager (Pendelrudersystem), da Ruderführung elastisch.

Windsteuersystem: Nachteile
- Arbeitet nicht bei Flaute,
- Bedienungsfehler möglich,
- Handling einiger Systeme stört manchmal bei Motormanövern,
- Badeleiter muß ggf. versetzt werden (Pendelrudersystem),
- optisch auffällig,
- Montage teilweise aufwendig.

Grenzen aller Systemarten

Die Grenze der Leistungsfähigkeit aller Selbststeuersysteme ist immer dann erreicht, wenn das Schiff aus dem Ruder läuft. Durch vernünftiges Trimmen, rechtzeitiges Reffen und, dadurch bedingt, aufrechteres Segeln kann der für die Kurskorrektur notwendige Ruderausschlag kleiner sein. Das Ergebnis sind fast immer größere Geschwindigkeit und bessere Steuergenauigkeit des Selbststeuersystems.

Jedes Selbststeuersystem besitzt seine eigene Leistungscharakteristik; es liefert dabei immer die gleiche Steuerkraft ab. Unterschiedlich sind die Einsatzbedingungen auf den Schiffen und vor allem die Bereitschaft des Skippers, notwendigen Segeltrimm zu veranlassen. In der Regel hat er alle Zeit dazu und die Hände frei.

Segeltrimm ist immer wichtig
Die Auswirkung schlechten Segeltrimms sind bei beiden Systemarten gleichermaßen ungünstig:

Beim Autopilot bedeutet schlechter Trimm, d.h. Druck auf dem Hauptruder, erschwerte Arbeitsbedingungen, da das Ruder mit mehr Kraft gelegt werden muß, d.h. der Stromverbrauch steigt. Die Steuerkraft- und Steuerweg-Reserve wird kleiner und die Gierbewegungen größer. In Grenzbereichen wird das Schiff aus dem Ruder laufen.

Ein Windsteuersystem, das Trimmfehler aussteuern muß, hat ebenfalls eine geringere Steuerreserve in Bezug auf Kraft und Weg. Schlechter Segeltrimm bedeutet Luvgierigkeit und daher ein Segeln wie mit angezogener Handbremse.

Bisher haben wir alle unterschiedlichen Systemarten aufgezeigt, die jemals verwirklicht worden sind. Nach 30 Jahren Praxis bietet der Markt heute folgende sinnvolle Auswahlmöglichkeiten:

Autopilot
– Cockpit-Pilot
– Einbau-Pilot

Windsteuersystem
– Hilfsrudersystem
– Pendelrudersystem
– Doppelrudersystem

Cockpit-Pilot auf Windsteuersystem

Die Auswahlkriterien werden bestimmt vom jeweiligen Schiff, das mit einem System ausgerüstet werden soll. Dazu unterscheiden wir die Schiffe nach:

Größe
– bis   30 Fuß
– bis   40 Fuß
– bis   60 Fuß
– über 60 Fuß

Bauart
– Langkiel
– gemäßigter Langkiel,
  Ruder mit Skeg

– Kurzkiel, Balanceruder
– Kiel- oder Integralschwert
– ULDB
– Mehrrumpfboot

Geschwindkeitspotential
– Gleiteigenschaften ja/nein?

Steuerungsart
– Pinnensteuer
– Radsteuer mechanisch
– Radsteuer hydraulisch

Cockpitposition
– Achtercockpit
– Mittelcockpit

Schiffsnutzung
– für Urlaub und Wochenende
– Küstensegelei
– Blauwasser-Reisen
– Regatten

Trends

80 bis 90 Prozent aller seegehenden Segeljachten sind heute bereits mit Autopiloten ausgerüstet. Den weltweit größten Anteil aller Systeme stellt die Firma Raytheon mit ihren AUTOHELM-Systemen. Dieses Unternehmen hat maßgeblich zur Entwicklung von Autopiloten für Jachten beigetragen. Im Marktbe-

reich der Cockpit-Piloten führend, teilt sich dieses Unternehmen das Marktsegment der Einbau-Piloten mit dem norwegischen Produzenten ROBERTSON, der seine Domäne in der Ausrüstung von Berufsschiffen hat und bei Großjachten die führende Marktposition einnimmt sowie dem britischen Hersteller BROOKES & GATEHOUSE. Alle anderen Unternehmen haben in Deutschland eine vergleichsweise geringe Marktpräsenz, was allerdings in keinerlei Zusammenhang mit der Unternehmensgröße zu sehen ist.

Die Entwicklungszeit vom einfachen Schubstangen-Autopilot bis hin zum mit Mikroprozessor gesteuerten, in die Bordelektronik eingebundenem Navigationsmodul, betrug gerade ca. 20 Jahre. Hier wird ganz deutlich, welcher Wandel an Bord unserer Schiffe im Laufe nur einer Generation stattgefunden hat. Mindestens ebenso deutlich wird die Tatsache, daß selbst modernste Technologie die physikalischen Grundregeln nicht aushebeln kann. Schon mancher Segler hat, ganz bodenständig, die bittere Erfahrung machen müssen, daß auf See diese Gesetze härter greifen. Die Konsequenz technischer Defekte bei Autopiloten ist fast immer das Steuern von Hand – eine ermüdende Angelegenheit. Wer einmal beim alljährlich im November in Las Palmas startenden ARC die dort im Büro aushängende Liste der Skipper, die Service an ihren Autopiloten benötigen, betrachtet hat, erkennt

den Unterschied zwischen Theorie und Praxis. Die aus England regelmäßig eingeflogenen Techniker der Herstellerfirmen leisten dort unermüdliche Dienste. Auf vielen Schiffen ist ein Back-Up-System in Reserve an Bord.

Verglichen mit dem rasanten Fortschritt der Autopiloten ist die Entwicklung von Windsteuersystemen im Schneckentempo vorangeschritten. Die meisten heute am Markt angebotenen Systeme werden seit ihrer Produktionseinführung nahezu unverändert hergestellt. Dies mag zum einen den Grund haben, daß die Betriebsgröße der meisten Hersteller Neuentwicklungen finanziell nicht verkraftet, zumal dies heute ein überaus kostspieliges Unterfangen ist. Zum anderen liegt es aber sicherlich auch daran, daß Bewährtes nur ungern verändert wird, solange die Verkäufe noch laufen. Darüber hinaus gibt es dann noch einige Hersteller, die niemals selbst konstruktiv tätig geworden sind und sich darauf beschränken, sich gedanklich befruchten zu lassen von den wenigen Vorreitern, die in diesem Marktsegment innovativ gearbeitet haben. Angesichts einer überaus kritischen und gutorientierten Kundschaft ist es für derartige Nachbauer am Markt besonders schwer, wie die Vergangenheit immer wieder gezeigt hat. Wenn es heute eine Reihe von Seglern gibt, für die eine ARIES schlechthin die ideale Pendelanlage geblieben ist, dann mag ihr Verharren vielleicht den Grund haben, daß keine genauen Produktkenntnisse vorliegen und exakte Vergleiche mangels Kenntnis gar nicht möglich sind. Tatsache ist, daß die großen Hersteller von Pendelrudersystemen mit Kegelradgetrieben heute genau den gleichen kinematischen Übertragungsverhältnissen folgen. Sie unterscheiden sich untereinander allerdings erheblich in der Ausführungsform und Herstellungsweise sowie im Design.

Die schnelle Verbreitung der elektrischen Konkurrenz hat manchen Hersteller mechanischer Windsteuersysteme in tiefes Nachdenken versinken lassen, zumal die auf Hochglanzprospekten versprochenen Werbeaussagen, nämlich mit Stromverbrauch unter 1 Ampere große und schwere Schiffe steuern zu können, viele Segler zumindest irritiert haben. Der viele Jahre die Gemüter erhitzende Glaubenskrieg über das Für und Wider der beiden Systemarten ist verflogen. Die Segler erkennen heute sehr viel realistischer Vor- und Nachteile aller Systeme und wissen, daß mit zunehmender Törnlänge der Wichtigkeit guter Selbststeuersystem-Ausrüstung immer größere Bedeutung zukommt.

Die Ansprüche an ein gut funktionierendes Windsteuersystem haben sich im Laufe der vergangenen 25 Jahre dramatisch geändert. War es anfangs bereits ein Erfolg, wenn das Schiff irgendwie auf Kurs gehalten wurde, und waren rustikales Aussehen, Gewicht, Handling und Servicebedarf unwichtig, so liegt heute die Meßlatte höher. Windsteuersysteme konkurrieren auf einem Markt, in dem der Käufer sehr wohl zu unterscheiden vermag und als Alternative immer die Einfachheit in der Bedienung eines Autopiloten vor Augen hat: Knopfdruck genügt!

Interessant ist in diesem Zusammenhang die Tatsache, daß fast alle Segler, die ein Windsteuersystem nachfragen und installieren, bereits einen Autopiloten an Bord besitzen. Anschließend jedoch nutzen sie zu ca. 80 % ausschließlich das Windsteuersystem; der Autopilot wird fast nur noch eingesetzt, wenn nicht mehr gesegelt wird. Dies ist in ausführlichen Untersuchungen von Jimmy Cornell bestätigt worden. Die Tendenz zur Ausrüstung mit beiden Systemarten hat sich im Verlaufe von nun 10 ARC-Regatten immer mehr bestätigt. Windsteuersysteme sind heute genauso wichtig wie eh, wenn auf längeren Törns mit kleiner Crew zuverlässig gesteuert werden soll.

Tips für die Praxis

Die Auswahl eines Windsteuersystems ist anhand der in diesem Buch aufgezeigten Kriterien vom Segler selbst vorzunehmen. Das gleiche gilt für die Auswahl eines Cockpit-Piloten. Die Dimensionierung eines Einbau-Piloten jedoch erfordert die Hilfe des Fachmanns, da hier immer

Berechnungen über Ruderfläche, Druck oder Lasten erforderlich sind, die bei den großen Herstellern Teil des Lieferumfangs sind. Sie geben Aufschluß über die Wahl der notwendigen Antriebseinheit.

Bei Durchsicht der nachfolgenden Marktübersicht wird sehr schnell deutlich, daß der gesamte Markt der Selbststeuersysteme in den vergangenen Jahren eine enorme Konzentration erfahren hat. Die Anzahl der Betriebe, die internationales Marketing mit mehrsprachigen Prospektunterlagen sowie Präsenz auf internationalen Bootsmessen leisten und damit für den Kunden als interessante Ansprechpartner und Systemlieferanten in Frage kommen, beschränkt sich heute auf wenige Namen. Autohelm, B&G, Robertson sowie Hydrovane, Monitor und Windpilot sind die Hersteller, die auf allen europäischen Messen vertreten sind, einen guten und schnellen Kundenservice leisten und durch den hohen Verbreitungsgrad ihrer Systeme sowie die große Anzahl zufriedener Kunden geschäftliche Kontinuität garantieren.

Ein Blick auf die vielen Betriebe, die in den vergangenen Jahren ihre Produktion eingestellt haben, macht deutlich, daß in diesem Markt der Käufer nahezu unbestechlich ist. Ein gutes Produkt allein genügt nicht. Guter Service, verläßliche Beratung und persönlicher Kontakt sind die Basis für dieses sensible Geschäft, bei dem Fairneß und klar nachvollziehbare Aussagen wichtiger sind als vollmundige Versprechungen, die sich auf See in Luft auflösen.

Die Erfolge der am Markt tätigen großen Firmen sind Ergebnis langjähriger Tätigkeit, regelmäßiger Messe-Präsenz und guter Referenzen einer anspruchsvollen Kundschaft. In Bezug auf die Ausrüstung mit Windsteuersystemen vermittelt ein Blick auf die ARC-Flotte während der vergangenen zwei Jahre beispielhaft und praxisnah, welche Systeme heute populär sind:

Ausrüstung mit Windsteuersystemen beim ARC

System	1994	1995
ARIES	5	7
ATOMS	–	2
HYDROVANE	7	7
MONITOR	5	5
MUSTAFA	1	–
NAVIC	1	2
SAILOMAT	–	3
PACIFIC	13	18

Technische Daten ausgewählter Cockpit-Piloten

	Autohelm						Navico		
	AH 800	ST 1000	ST 2000	ST 4000T	ST 4000 TGP	ST 3000	ST 4000 W	TP100	TP 300
Spannung	12 V	12 V	12 V	12 V	12 V	12 V	12 V	12 V	12 V
Durchschnittlicher Stromverbrauch Standby	0,06 A	0,06 A	0,06 A	0,06 A	0,06 A	0,06 A	0,06 A	0,06 A	0,06 A
25% Arbeitszyklus	0,5 A	0,5 A	0,5 A	0,7 A	0,7 A	0,7 A	0,75 A	0,5 A	0,5 A
Geschw. hart/hart ohne Last	6,7 Sek.	6,7 Sek.	4,1 Sek.	3,9 Sek.	4,3 Sek.	–	–	6,5 Sek.	4,2 Sek.
20 kg Last	9,6 Sek.	9,6 Sek.	–	–	–	–	–	9,0 Sek.	6,0 Sek.
40 kg Last	–	–	6,4 Sek.	5,8 Sek.	5,5 Sek.	–	–	–	–
Max. Schubkraft	57 kg	57 kg	77 kg	84 kg	93 kg	–	–	65 kg	85 kg
Schublänge	25 cm	25 cm	25 cm	25 cm	25 cm	–	–	25 cm	25 cm
Radgeschwindigkeit	–	–	–	–	–	3,3 UpM	5,5 UpM	–	–
Max. Kraft am Rad	–	–	–	–	–	70 Nm	75 Nm	–	–
Zulässige Umdrehung	–	–	–	–	–	bis 3,5	bis 3,5	–	–
Fernbedienungs- Option	–	+	+	+	+	+	+	+	+
geeignet für Schiffsgewicht bis	2 t	2 t	3,5 t	5,5 t	9 T	5,5 t	6,5 t	2,8 t	5,5 t
Preis inkl. MwST 15% in DM	636,-	932,-	1244,-	1595,-	2906,-	1298,-	1771,-	695,-	1150,-

Die Hersteller von A bis Z

Autopiloten

AUTOHELM
1974 gegründet durch den britischen Ingenieur Derek Fawcett, wuchs dies Unternehmen bis heute kontinuierlich und ist auf dem Gebiet der Autopiloten seit seiner Gründung bis heute weltweit Marktführer.
1984 wurde die bis heute unveränderte 6-Knopf-Bedienung eingeführt:
– AUTO = Inbetriebnahme

– Je zwei Tasten für Kurskorrekturen in 1 oder 10 Grad-Schritten
– STAND BY
1990 erfolgte der Zusammenschluß mit der Firma Raytheon Inc., einem amerikanischen Industrie-Multi mit weltweit 70.000 Mitarbeitern und einer Angebotspalette vom Kühlschrank über Autopiloten bis zu Raketen. AUTOHELM-Systeme werden im Standort England von ca. 300 Mitarbeitern produziert. Mit dem Elektronik-Riesen im Hintergrund entwickelten die Techniker von Autohelm kurz darauf eine eigene Datensprache (Datenbus).

SEA TALK, kurz ST genannt, kennzeichnet Systeme, die über eine einfache Ein-Kabel-Verbindung mit anderen System-Komponenten, Daten über Wind, Log, GPS und Navigationscenter austauschen können. Dieses Merkmal ist bis heute richtungsweisend für alle Autopiloten. Sämtliche Autohelm-Systeme, mit Ausnahme der AH 800, sind heute ST-tauglich und können mit anderen Modulen vernetzt werden.
Im Bereich der Cockpit-Piloten beträgt der Marktanteil von AUTO-HELM-Systemen heute ca. 90 %.
Im Bereich der Einbau-Piloten für Segeljachten bis ca. 60 Fuß liegt dieser Anteil bei ca. 50 % bis 60 %.

Lieferbar sind:
– Kurscomputer in zwei Leistungsstärken (Typ 100 oder 300)
– 6 mechanische/hydraulik-lineare Antriebe für Schiffe bis 43 t
– 5 hydraulische Antriebspumpen
– 2 Kettenradantriebe

Autohelm betreibt ein weltumspannendes Vertriebsnetz mit Servicestationen rund um den Globus.

BENMAR
Dieser amerikanische Hersteller ist in Europa wenig präsent, deutscher Vertreter ist die Firma Kybertronic. Benmar rüstet in den USA viele Motorjachten ab ca. 40 Fuß aus.

BROOKES & GATEHOUSE
Nur ein Jahr nach Erfindung des Transistors, jenes elektronischen Winzlings, der die Welt verändern sollte, wurde das englische Unternehmen Brookes & Gatehouse (B & G) gegründet. HOMER und HERON, jene legendären Instrumentenreihen, die bald auf nahezu allen größeren Jachten anzutreffen waren, sind die Namen, die dieser Firma zu Ruhm und Ehre verhalfen. Die zügige Weiterentwicklung für den anspruchsvollen Segler im Bereich der Bordinstrumente haben diesem Unternehmen bis heute seine solide Marktstellung auf diesem Gebiet erhalten. B&G gehört zu den Unternehmen, die eine komplette, durch Datenbus verbundene, Instrumenten-Reihe anbieten und daher international konkurrieren können. Die B&G-Autopiloten NETWORK PILOT sowie HYDRA 2 und HERCULES PILOT werden in verschiedenen System- und Leistungsgrößen angeboten und finden vorwiegend auf größeren Schiffen Verwendung.

Lieferbar sind:
a) B & G NETWORK
   – 2 Kurscomputer (Typ 1 + 2)
   – 3 hydraulik-lineare Antriebe für Schiffe bis ca. 30 m
   – 5 hydraulische Antriebspumpen für Schiffe bis ca. 20 m
b) B & G HYDRA 2 und HERKULES
   – 2 Kurscomputer (Typ 1 + 2)
   – 3 hydraulik-lineare Antriebe
   – 2 hydraulische Antriebspumpen
   – 1 Kettenradantrieb

B&G-Systeme werden auf allen wichtigen Hochsee-Regatten eingesetzt (Whitbread, Fastnet, Sydney-Hobart, America's Cup, Admiral's Cup), wobei sicherlich das Schwergewicht im Bereich der vorzüglichen Systeme zur Messung und taktischen Verarbeitung von Wind-, Log-, Lot- und Navigationsdaten liegt, d.h. die Autopiloten wahrscheinlich weniger eingesetzt werden, da derartige Regatten Mannschaftsveranstaltungen sind.
B & G besitzt ein weltweites Vertriebs- und Servicenetz.

NAVICO

Dieser im Bereich der Cockpit-Piloten einzige Wettbewerber der Firma Autohelm in unserem Markt baut seit Jahren seine Produktserie TILLERPILOT 100 und 300. Ganz neu im Programm ist die Serie OCEANPILOT, ein Einbau-Pilot mit den Charakteristika bereits bekannter Autopiloten. Auch Navico bietet ein komplettes, untereinander vernetztes Instrumenten-System an.

Lieferbar sind:
a) TILLERPILOT 100 und 300
b) CORUS OCEANPILOT
   – 1 Kurscomputer
   – 2 hydrauliklineare Antriebe für Schiffe bis 22 t
   – 2 hydraulische Antriebspumpen

NAVICO besitzt Niederlassungen in Frankreich, England und USA.

CETREK

Zu den bekannten Namen gehört ebenfalls dieser englische Hersteller, einer der Pioniere im Autopilot-Geschäft und Ausrüster in der Berufsschiffahrt. Auch Cetrek bietet ein komplettes Instrumentenprogramm Datenbus-vernetzter Module für den Einsatz in der Sportschiffahrt an und rüstet in Deutschland überwiegend Segeljachten aus.

NECO

Dieser englische Hersteller kommt ebenfalls aus der Berufsschiffahrt. Nach einigen Jahren der Tätigkeit im Jachtbereich fertigt Neco heute ausschließlich Autopiloten für die kommerzielle Schiffahrt.

ROBERTSON

Der Firmengründer Robertson begann 1950 mit der Fertigung von Autopiloten für die Berufsfischerei und belegte in diesem Marktsegment sehr schnell den Spitzenplatz. Heute ist die norwegische Simrad Robertson AS-Gruppe weltweit Marktführer in der Ausrüstung und Automation der kommerziellen Seeschiffahrt sowie im Offshore-Geschäft. Komplette Steuerungs- und Navigationssysteme für Supertanker sind dabei ebenso im Fertigungsprogramm, wie die Ausrüstung der Berufsfischerei mit ihren besonderen Bedürfnissen im Sonarbereich. Beim Anblick der modernen Befehlszentrale eines Hochsee-Schleppers wird sehr schnell deutlich, daß die

Autopiloten auf unseren Jachten Ableger dieser High-Tech-Systeme sind.

Die Ausweitung des Lieferprogramms in Richtung Sportschiffahrt war ein logischer Weg, da die für den harten Berufsalltag entwickelten Autopiloten für den Einsatz auf Jachten prädestiniert sind.

1964 war die Geburtsstunde des ersten Autopiloten für den Jachtbereich. Der AP 20 wurde damals unter Verwendung ausgeschlachteter Wehrmachtsempfänger montiert. Die Entwicklung adaptiv arbeitender Autopiloten in der Berufsschiffahrt war ein Muß, das schon früh zu den Standards in diesem Bereich gehörte.

Wenn wir heute ehrfürchtig die Leistungsfähigkeit moderner Autopiloten im Jachtbereich bestaunen, sollte ganz einfach klar sein, daß diese Technologie »von der großen Schwester«, der Berufsschiffahrt, kommt, wo ganz andere Dauerleistungen von einem Autopiloten gefordert und auch erbracht werden.

Robertson-Autopiloten gelten als überaus robust und werden insbesondere auf größeren Schiffen häufig verwendet. Auf Maxis sowie großen Motorjachten sind sie wohl weltweit Marktführer.

Im Bereich der Einbau-Piloten bietet Robertson die größte Angebotspalette mit den verschiedensten Antrieben sowohl elektrischer, als auch hydraulischer Art und kann Schiffe jeder Größe ausrüsten.

Lieferbar sind:
– 7 Autopilot Systeme
– 5 hydrauliklineare Antriebe
– 4 hydraulische Antriebspumpen
– 8 hydraulische Steueranlagen

Der Vertrieb erfolgt weltweit über eigene Niederlassungen und Servicestationen.

SEGATRON
Dieser kleine, aber feine deutsche Hersteller baut seit 28 Jahren mit fünf Mitarbeitern jährlich nur eine ausgewählte Anzahl hochkarätiger Autopiloten, die überwiegend auf Maxi-Jachten, u.a. auf Jongert-Jachten, eingesetzt werden.

Die Integrationsfähigkeit dieser Systeme in vorhandene Bordnetzwerke über NMEA-Schnittstellen, ist dabei selbstverständlich gewährleistet.

SILVA
Dieser schwedische Hersteller bietet seit kurzem ein Programm Datenbus-fähiger Einbau-Piloten mit verschiedenen Antrieben an.

VDO
Als deutscher Hersteller von Instrumenten im Automobilbau groß geworden, ist VDO seit vielen Jahren im maritimen Bereich tätig.

Das Tochterunternehmen der Mannesmann AG bietet seit 1993 die VDO LOGIC Linie an, ein ebenfalls durch Datenbus verbundenenes Instrumenten-System.

Lieferbar zum System VDO LOGIC PILOT sind:
- 1 Kurscomputer
- 3 hydraulische Antriebspumpen
- 1 hydraulik-linearer Antrieb

Der Vertrieb erfolgt über Niederlassungen in Deutschland, Österreich und der Schweiz.

VETUS
Das holländische Großunternehmen im Wassersportbereich vertreibt seit einigen Jahren eine eigene Produktreihe von in England gebauten Autopiloten unter dem Namen VETUS AUTOPILOT. Auch diese Systeme sind Datenbus-fähig. Angeboten wird eine breite Palette von Antrieben mechanischer und hydraulischer Art.

Windsteuersysteme

ARIES (System Typ 11)
1968 begann Nick Franklin in Cowes, auf der Isle of Wight, mit der Produktion der ARIES-Pendelrudersysteme. Die ersten Anlagen wurden mit Bronze-Kegelrädern gefertigt. Bereits kurze Zeit später erfolgte die Produktionsumstellung auf Aluminium. Das Aussehen der ARIES STANDARD hat sich bis zum Zeitpunkt des beruflichen Ausstiegs Franklins, Ende der Achtziger Jahre, kaum geändert. Einer der Hintergründe, warum alle ARIES-Systeme die charakteristische Zahnkranzverstellung

um jeweils 6 Grad besaßen, lag wohl darin begründet, daß eigens für diese mechanische Bearbeitung eine voluminöse Fräsmaschine angeschafft worden war, die erst in der Werkstatt aufgestellt werden konnte, nachdem das Dach an dieser Stelle angehoben worden war.

Viele legendäre Reisen wurden mit diesem System unternommen; es wurde quasi zum Inbegriff für die Robustheit und Unverwüstlichkeit von mechanischen Pendelrudersystemen, auch wenn in der Praxis einige Schwachstellen unübersehbar waren. Bedingt durch die unnötig schwere Bauweise der Schubstange, der Verbindung von Windfahne zum Kegelradgetriebe, die als massives Gußteil ausgeführt war, ist Schwachwind nie die besondere Stärke dieser Anlage gewesen. An diesem Bauteil treten keine hohen Lasten auf, sondern lediglich Stellkräfte zum Verdrehen des Pendelruders. Die Kurseinstellung in 6-Grad-Schritten ist hoch am Wind nicht immer fein genug, da dann u. U. die Segel schon back stehen.

Die Alltagstauglichkeit für den Normalsegler, der nicht ganze Wochen auf See zubringt, ist nicht ideal, da die In- und Außerbetriebnahme des Pendelruders bei der ARIES STANDARD recht umständlich ist und Rückwärtsmanöver im Hafen nur ganz vorsichtig vorgenommen werden können, da das Ruder meistens nicht aufzuschwenken ist. Dieses Manko führte später zur Entwicklung

Technische Daten ausgewählter Windsteuersysteme

	Funktionsprinzip				Material			Lagerung	Gier-dämpfung durch	Gewicht in kg	Bolzen für Montage	Bedienung FB	Ruderblatt außer Betrieb	Notruder	Verstellbar-keit Rad.-adapter	System Abnehm-bar	Lieferbare Größen	Für Schiffe bis	Preis inkl. MwST (*) in DM
	HR	PR	DR	WF	WF	Syst.	Ruder												
ARIES STD.	+			H	Sperr-holz	Alu	GFK	Gleitlager	Kegelrad-Getriebe	35	8	+	nicht auf-schwing-bar	nein	mit Ver-zahnung	8 Bolzen	1	60 Fuß	4800,-
HYDROVANE	+			H	Alu Dacron	Alu	Kunst-stoff-guß	Kugel- und Gleit-lager	3-Stufen-Getriebe	ca. 33	4 - 6	Option	fest oder abnehm-bar	ja	–	4 Bolzen	1	ca. 50 Fuß	ab 5500,-
MONITOR		+		H	Sperr-holz	Niro	Niro	Kugel- und Nadel-lager	Kegelrad-Getriebe	ca. 28	16	+	schwenkt nach hinten	nein	mit Loch-rastung	4 Bolzen	1	60 Fuß	6000,-
NAVIK		+		H	Thermo-plast	Niro	GFK	Gleitlager	–	19	8	+	aushängen u. hoch-ziehen	nein	–	4 Bolzen	1	ca. 33 Fuß	2700,-
STAYER/SAILOMAT 3040			+	H	Schaum	Alu	GFK/Alu	Nadellager	Achs-Schräg-stellung	35	8	+	nach unten abnehmbar	ja	–	2 Bolzen	3	60 Fuß	–
SAILOMAT 601		+		H	Sperr-holz	Alu	Alu	Nadel-Kugellager	Achs-Schräg-stellung	24	4	+	Lift-up	nein	–	1 Bolzen	1	bis 60 Fuß	ab 6300,-
SCHWINGPILOT		+		H	GFK	Alu	Alu	Gleitlager	V-Fahne	28	8	+	nach unten abnehmbar	nein	–	4 Bolzen	1	ca. 40 Fuß	–
WP ATLANTIK	+			V	Niro Dacron	Alu	GFK/Alu	Gleitlager	Achs-Schräg-stellung	35	4	–	fest	ja	–	2 Bolzen	3	bis 35 Fuß	–
WP PACIFIC LIGHT		+		H	Sperr-holz	Alu	Holz	Gleitlager	Kegelrad-Getriebe	13	4	–	Lift-Up	nein	stufenlos	1 Bolzen	1	bis 30 Fuß	2900,-
WP PACIFIC		+		H	Sperr-holz	Alu	Holz	Gleitlager	Kegelrad-Getriebe	20	4	+	Lift-Up	nein	stufenlos	1 Bolzen	1	60 Fuß	4400,-
WP PACIFIC PLUS			+	H	Sperr-holz	Alu	Holz GFK	Gleitlager	Kegelrad-Getriebe	40	8	+	Lift-Up	ja	–	2 Bolzen	2	bis 40 Fuß bis 60 Fuß	ab 7400,-

Erklärungen:
HR: Hilfsruder
PR: Pendelrudersystem
DR: Doppelrudersystem
WF: Windfahnentyp
FB: Fernbedienung
(*): Bei Direktkauf innerhalb der EU gilt die MwSt des Herkunftslandes.

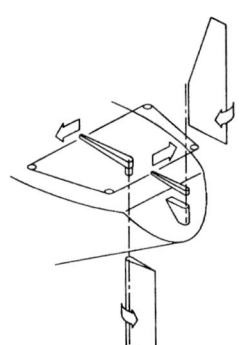

Die 12 Windsteuersystem-Typen.

1

Nur Wind
V-Fahne

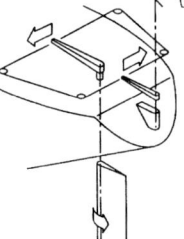

2

Nur Wind
H-Fahne

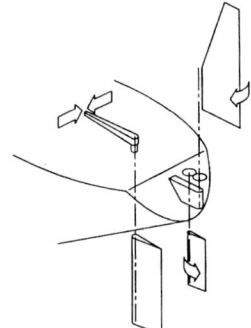

3

Hilfsruder
V-Fahne

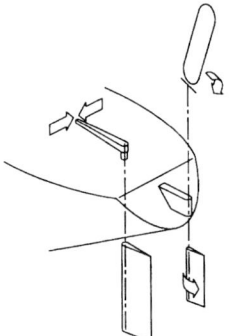

4

Hilfsruder
H-Fahne

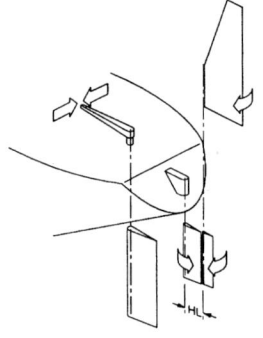

5

Flettner
auf Hilfsruder
V-Fahne

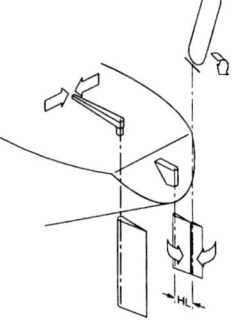

6

Flettner
auf Hilfsruder
H-Fahne

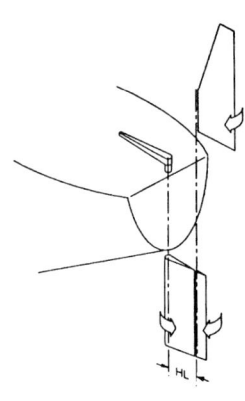

7

Flettner
auf Hauptruder
V-Fahne

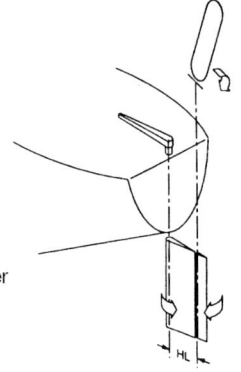

8

Flettner
auf Hauptruder
H-Fahne

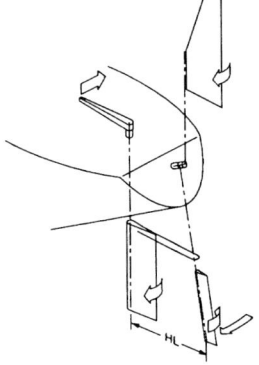

9

Flettner/Pendel
auf Hauptruder
V-Fahne

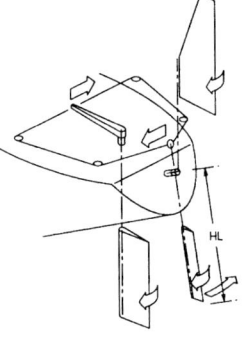

10

Pendelruder
V-Fahne

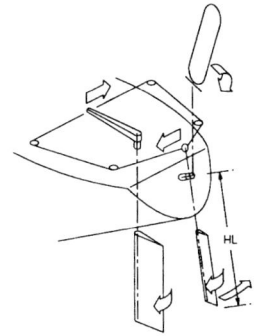

11

Pendelruder
H-Fahne

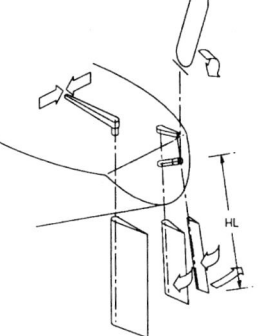

12

Doppelruder
H-Fahne

97

der ARIES LIFT UP. Nach Abbau des gesamten Windfahnensupports konnte der Korpus entriegelt und über Kopf nach vorn geklappt werden. Das war eine Erleichterung, aber nicht die ideale Lösung, da während des Lift-Up-Vorganges das gesamte System ungesichert auf der Halterung lag, bei Seegang keine ungefährliche Angelegenheit.

Mitte der Achtziger Jahre wurde die ARIES CIRCUMNAVIGATOR produziert, im Grunde eine ARIES STANDARD mit besserer Lagerung und abnehmbarem Ruderblatt. Der Radadapter arbeitet mit kleiner Verzahnung und ist daher gut einstellbar.

Ungeachtet der vorhandenen Systemnachteile hat es in den Folgejahren etliche Nachbauten dieses Systems gegeben, die im Windschatten eines guten Rufes, ohne eigene kreative Leistung der jeweiligen Hersteller, Vorhandenes nur rekapituliert haben.

Hervorzuheben ist die besonders menschliche Art von Nick Franklin, der in seinem kleinen Betrieb neben seinem Wohnhaus inmitten wunderschöner Landschaft Seglern aller Länder immer ein kompetenter Geschäftspartner gewesen ist. Sicherlich liegt hier ein guter Teil des Erfolges von ARIES-Systemen begründet. Die Produktionseinstellung erfolgte wegen hoher Materialkosten sowie zunehmender Kaufzurückhaltung der Segler. Außerdem war nach jahrelanger Arbeit das selbstgebaute Schiff fertig, noch ein Grund mehr, nach 20jährigem, aufreibendem Full-Time-Job das Leben in ruhigere Gewässer zu lenken.

Die Ersatzteilversorgung für alle ARIES-Systeme ist durch die Tochter des Herstellers, Helen Franklin, gesichert – entweder direkt aus England oder über den ehemaligen deutschen Vertriebspartner Windpilot.

Die ARIES STANDARD wird seit kurzem wieder gefertigt. Peter Matthiesen, ein junger Däne, macht in Nordborg die mechanische Bearbeitung der in England gefertigten Aluminium-Teile nach metrischen Maßeinheiten.

Lieferbar ist eine Systemgröße für Schiffe bis ca. 60 Fuß. Der Vertrieb erfolgt direkt.

ATLAS

Diese viele Jahre in Frankreich gebaute Anlage wurde in drei Versionen gefertigt:
– Flettnerruder auf Hauptruder
  (System Typ 8)
– Flettnerruder auf Hilfsruder
  (System Typ 6)
– Pendelrudersystem
  (System Typ 11)

Besonderes Merkmal aller drei Systeme war, daß keinerlei Gierdämpfung durch ein Kegelradgetriebe vorhanden war, was besondere Anforderungen an den Trimm des Schiffes stellte. Nach dem plötzlichen Tod des Herstellers Ende der Achtziger Jahre waren diese Systeme nicht mehr lieferbar.

ATOMS

Das Pendelrudersystem ATOMS (System Typ 11) wurde viele Jahre lang in Nizza (Frankreich) produziert und war dort weit verbreitet. Das besonder Merkmal dieser Anlage war die Windfahne aus Aluminiumblech und ein kreisrund ausgeführtes Segment zur gleichmäßigen Leinenübertragung, ein Kegelradgetriebe war nicht vorhanden. Die Produktion wurde Anfang der Neunziger Jahre eingestellt.

AUTO-HELM

In Kalifornien wird die AUTO-HELM (System Typ 6), ein Flettnerruder gesteuertes Hilfsrudersystem, hergestellt. Ihr rustikales Äußeres und die systembedingten Nachteile, haben diese Anlage nur regional bekannt werden lassen. Das besondere Merkmal dieses Systems ist die Übertragung des Steuersignals von der Windfahne zum Flettnerruder mit zwei einfachen Draht-Bowdenzügen. Ein Kegelradgetriebe ist nicht vorhanden.
Lieferbar ist eine Systemgröße. Der Vertrieb erfolgt über Scanmar Marine USA.

AUTO-STEER

Dieser englische Hersteller fertigt zwei Systeme (Typ 8 und 11). Ein identisches Windfahnenteil wird alternativ an einem Pendelruder- oder Flettnerrudersystem für Hauptruderbetrieb eingesetzt.
Der Vertrieb erfolgt direkt.

BOUVAAN

Dieses holländische Pendelrudersystem (Typ 11) in rustikaler Bauweise aus Edelstahl richtet sich insbesondere an Segler, die durch eigene handwerkliche Fertigkeiten einen Bausatz selbst fertigstellen wollen und können. Komplett geliefert besteht kaum noch ein Preisunterschied zu professionell gefertigten und optisch ansprechenderen Systemen.
Lieferbar ist eine Systemgröße. Der Vertrieb erfolgt direkt.

BWS TAURUS

Die in Haarlem (Holland) in Edelstahl produzierte TAURUS (System Typ 6) ist ein Hilfsrudersystem mit Flettnerruderantrieb. Über die Landesgrenzen hinaus kaum bekannt, wird dieses System in handwerklicher Bauweise von der Firma Steenkist, einem edelstahlverarbeitenden Betrieb, als Einzelanfertigung hergestellt und zu relativ hohen Preisen angeboten. Die systembedingten Besonderheiten machen die Anlage nicht für jeden Schiffstyp geeignet. Das Hilfsruder kann nicht in Mittschiffs-Stellung fixiert werden, was bei weit achtern liegendem Hauptruder bei Maschinenmanövern gefährlich ist, da das System frei dreht.

Lieferbar sind:
– TAURUS 1, für Schiffe bis 9,5 m
– TAURUS 2, für Schiffe bis 12 m
– TAURUS 3, für Schiffe bis 20 m
Der Vertrieb erfolgt direkt.

99

CAP HORN

Das Pendelrudersystem CAP HORN (Typ 11) wird seit kurzem in Kanada hergestellt. Die Herstellung erfolgt handwerklich in Edelstahl, in Einzelanfertigung. Das besondere Merkmal dieses Systems ist die Leinenübertragung zum Hauptruder innerhalb des Spiegels. Dies bedingt eine aufwendige Montage, da ein großes Loch durch den Spiegel gebohrt werden muß, damit der Pendelarm samt Übertragungsleinen innerhalb des Spiegels (in der Achterpiek) montiert werden kann, keine immer ganz wasserdichte Angelegenheit. Auftriebsvolumen und Stauraum in der Achterpiek gehen bei dieser Befestigung ggf. verloren. Eine Gierdämpfung durch Kegelradgetriebe ist nicht vorhanden, eine gewisse Rückstelllung des Pendelarms wird durch zwei einfache 90-Grad-Biegungen in der Betätigungsstange erreicht.

Ein Radadapter ist nicht lieferbar. Bei Radsteuerungen werden die Leinen um die an Radspeichen montierten Kunststoffzylinder herumgeführt. Jeder Feintrimm kann dabei nur durch Verlängern oder Verkürzen der Leinen vorgenommen werden.

Lieferbar sind zwei Systemgrößen für Schiffe bis 40 und über 40 Fuß.

Der Vertrieb erfolgt direkt.

FLEMING

1974 begann der Australier Kevin Fleming mit der Herstellung des FLEMING-Pendelrudersystems (Typ 11).

Das besondere Merkmal neben dem vorhandenen Kegelradgetriebe war die Verwendung von Edelstahlgußteilen und die Verlängerung des Pendelarmes nach oben, was insgesamt vier Umlenkblöcke überflüssig machte. Das System wird in drei Größen hergestellt und zu relativ hohem Preis angeboten. Der Betrieb wurde nach einigen Jahren eingestellt. Mitte der Achtziger Jahre wurde dieses System dann von der Firma New Zealand Fasteners in Auckland/Neuseeland hergestellt, jedoch nie in nennenswerten Stückzahlen vertrieben. Seit einigen Jahren wird dieses System nun in Kalifornien produziert.

Der Vertrieb erfolgt direkt.

HYDROVANE

Seit 1970 produziert Derek Daniels in England das Hilfsrudersystem HYDROVANE (Typ 4) bis heute nahezu unverändert. Die beiden Versionen VXA1 und VXA2 unterscheiden sich durch Hand- oder Fernbedienung.

Das besondere Merkmal dieser Systeme ist das Dreigang-Getriebe, mit dem der wirksame Ruderlagewinkel verändert werden kann, um ein Übersteuern zu verhindern. Das System wird mit nur einer Rudergröße geliefert.

Die Ruderfläche beträgt 0,24 qm (30 x 80 cm) und hat daher eine natürliche Einsatzgrenze in Bezug auf die Schiffsgröße. Auch wenn seitens des Herstellers diese Systeme für den

Einsatz auf Schiffen bis ca. 50 Fuß/18 t empfohlen werden, scheint die maximale Schiffsgröße, die auch wirklich unter allen Umständen zu beherrschen ist, eher niedriger zu liegen, da eine wirksame Servounterstützung fehlt. Das Ruderblatt der HYDROVANE ist aus massivem Kunststoffguß und besitzt daher keinen Auftrieb. Es kann nach unten demontiert werden.

Die Systeme werden in industrieller Fertigungsweise in Aluminium hergestellt und haben international ein gutes Renommé als robuste Windsteuersysteme mit geringer Störanfälligkeit. Hydrovane-Systeme werden individuell hergestellt, d.h. in Bezug auf die Baulänge und die Befestigungsteile entsprechend den Gegebenheiten auf dem jeweiligen Schiff angepaßt.

Lieferbar sind:
– VXA 1 System mit Handbedienung
– VXA 2 System mit Fernbedienung
Der Vertrieb erfolgt weltweit direkt.

LEVANTER
Dieses englische Hilfsrudersystem (Typ 4 und 10) ähnelte in vielen Details der Hydrovane, war in drei Größen lieferbar und wurde sehr teuer angeboten. Die Fertigung wurde vor einigen Jahren eingestellt. Seit kurzem produziert dieser Hersteller das Modell GS II, ein kleines Pendelrudersystem für Schiffe bis 25 Fuß.
Der Vertrieb erfolgt direkt.

MONITOR
Die beiden Schweden Carl Seipel und Hans Bernwall mochten nach ihrer Weltumsegelung nicht mehr in die kalte Heimat zurückkehren und wählten das sonnige Sausalito (Kalifornien) als neues Zuhause. 1978 war das Gründungsjahr von Scanmar Marine. Hergestellt wird die MONITOR (System Typ 11) seither in handwerklicher Bauweise in Edelstahl, ein dem Vorbild der ARIES sehr nahekommendes Pendelrudersystem mit identischem Kegelradgetriebe. In den USA ist dieses System recht bekannt, internationales Marketing wird erst seit ca. 1988 betrieben. Das System wird bis heute nahezu unverändert gefertigt. Alleininhaber Hans Bernwall versteht sein System als »weiterentwickelte« Aries, die er respektvoll »Sankt Aries« nennt. Die MONITOR gehört zur Spezies der konservativen Windsteuersysteme, der Platzbedarf am Heck ist groß. 16 Bolzen sind zur Befestigung notwendig und die durchschnittlich notwendige Anzahl von Umlenkblöcken liegt bei ca. 10 Stück. Die Justierung des Radadapters ist nur über wenige Rastungen möglich.
Lieferbar ist eine Systemgröße für Schiffe bis ca. 60 Fuß.
Die MONITOR ist auf den meisten europäischen Messen zu sehen und wird im Direktvertrieb und durch Vertriebspartner verkauft.

MUSTAFA

Der Italiener Franco Malingri produziert die MUSTAFA, ein Hilfsrudersystem mit Flettnerruderantrieb (Typ 6). Dieses in seinen enormen Dimensionen außergewöhnliche System wird heute nur recht selten angetroffen. Die große Fläche der Ruderblätter stellt hohe Anforderungen an die Befestigung am Spiegel. Eine Gierdämpfung ist vorhanden. Wahrscheinlich sind diese Systeme mit bis zu 60 kg Gewicht die schwersten Windsteuersysteme am Weltmarkt.

Lieferbar sind zwei Systemgrößen:
– B,   für Schiffe bis 30 Fuß
– CE, für Schiffe bis 60 Fuß
Der Vertrieb erfolgt direkt.

NAVIK

Dieses französische Pendelrudersystem mit Flettnerantrieb (Typ 11) wird in seinem Heimatland insbesondere wegen seines geringen Gewichtes von 18,5 kg auf kleinen Schiffen häufig eingesetzt. Die recht filigrane Bauweise sowie Übertragungsteile aus Plastik haben den Einsatz auf größeren Schiffen nicht sinnvoll erscheinen lassen. Die Produktion der SUPER NAVIK für größere Schiffe wurde alsbald wieder eingestellt. Das besondere Merkmal der NAVIK, das aufholbare Pendelruder, ist im Alltagsbetrieb weniger praktisch, da die Achse umständlich ausgehängt werden muß. Die Verbindungteile zwischen Windfahne und Ruderblatt sind als filigrane Kugelgelenke in Plastik ausgeführt und recht empfindlich. Lieferbar ist eine Systemgröße. Auf den internationalen Bootsmessen in Europa ist dieses System nicht zu sehen; der Vertrieb erfolgt sowohl direkt, als auch über Wiederverkäufer.

ROYAL

Diese im Textilgeschäft ansässige Firma bietet wohl in Polen gefertigte Anlagen an (Typ 11), die wohl der PACIFIC und der ARIES nachempfunden sind, letztere unter dem Namen Ariane.

RVG

Ein weiteres amerikanisches Hilfsrudersystem mit Flettnerantrieb ist die RVG (Typ 5). Ursprünglich in Kalifornien, seit 1977 dann in Florida von einem ehemaligen Army-Piloten in handwerklicher Bauweise hergestellt, sind an diesem System bis heute kaum Veränderungen vorgenommen worden. Ein Kegelradgetriebe ist nicht vorhanden.
Der Vertrieb erfolgt direkt.

SAILOMAT

In Seglerkreisen hat es einige Verwirrung um die Marke SAILOMAT gegeben (System Typ 11 und 12). Der Grund liegt darin, daß es zwei rechtlich voneinander unabhängige Firmen dieses Namens gegeben hat, und einige Jahre lang juristische Streitigkeiten zwischen den beteiligten Partnern für Unruhe am Markt gesorgt haben.

1974 erfolgte die Gründung der Sailomat Sweden AB. Hergestellt wurde das SAILOMAT 3040 Doppelrudersystem, dessen Entwicklungskosten vom schwedischen Staat subventioniert wurden. Optisch elegant, war man bei der Konstruktion dieses Systems neue Wege gegangen. Die direkte Koppelung eines Pendelrudersystems auf ein Hilfsruder hatte es in dieser Form noch nicht gegeben. Aufgrund des außerordenlich hohen Preises war dieses System für viele Segler kaum erschwinglich. Wahrscheinlich haben falsche Markteinschätzungen und interne Auseinandersetzungen der drei Anteilseigner Boström, Zettergren und Knöös letztendlich zur Produktionseinstellung und Auflösung dieser Firma Anfang der Achtziger Jahre geführt. Die SAILOMAT 3040 wurde anschließend noch einige Jahre von H. Brinks in Holland, dem neuen Rechteinhaber, weiterverkauft. Infolge gerichtlicher Auseinandersetzungen mit den Voreigentümern wurde das System später unter der Marke STAYER angeboten. Die Produktion wurde 1989 eingestellt.

1984 erfolgte die Gründung der Firma Sailomat USA von Stellan Knöös, dem nunmehr nach Kalifornien ausgewanderten Schweden. Knöös befaßt sich mit der Fertigung von Pendelrudersystemen in Aluminium, die er fernab von seinem Schreibtisch in Kalifornien in Lohnarbeit in Schweden herstellen läßt. 1985 erfolgte die Marktvorstellung der SAILOMAT 500, einer reinen Am-Wind-Windsteueranlage, die auf Kursen + / - ca. 60 Grad am Wind arbeitete, auf allen anderen Kursen aber nur in Verbindung mit einem Autopilot zu nutzen war. Dieses System wurde vom Markt nicht angenommen, die Produktion kurzfristig eingestellt. 1987 mutierte dieses System zur SAILOMAT 536, die nun als normale Windsteueranlage auf allen Kursen zu nutzen war. 1993 folgte die SAILOMAT 600, mit Lift-Up und variablem Anbauflansch, 1996 die SAILOMAT 601 mit Fernbedienung.

SAILOMAT-Systeme arbeiten nicht mit einem Kegelradgetriebe zur Gierdämpfung, sondern verwenden traditionell die Achsschrägstellung des Pendelruders, um einen Dämpfungseffekt zu erzielen.

Der Radadapter kann nicht verstellt werden, jede Kursfeineinstellung muß über Verlängern oder Verkürzen der Leinen justiert werden.

Lieferbar ist eine Systemgröße für Schiffe bis 60 Fuß.

Auf den internationalen Bootsmessen in Europa wird dieses System kaum ausgestellt. Der Vertrieb erfolgt direkt.

SAYE'S RIG

Dieses amerikanische System ist ein Zwitter aus Pendelruder- und Flettnerrudersystem (Typ 9). Über einen langen Hebelarm ist das Pendelruder unter Wasser mit der Achterkante des Hauptruders verbunden, so daß seitliche Bewegungen des Pendelruders unmittelbar übertragen werden. In geringen Stückzahlen in den USA gebaut, weist diese Anlage folgende Merkmale auf: Je nach Lage des Hauptruders ragt der lange Übertragungsbügel achtern weit hervor, da anders eine Kraftkoppelung nicht erreicht werden kann. Ein Trimm ist nur an der Windfahne möglich, da beide Ruder fest verbunden sind. Radgesteuerte Hauptruder können vom falschen Krafthebelarm-Ende manchmal nur schwer bewegt werden.

Lieferbar ist eine Systemgröße.

Der Vertrieb erfolgt über die Firma Scanmar Marine, USA.

SCHWINGPILOT

Dieses deutsche Pendelrudersystem wurde seit 1974 industriell in Aluminium hergestellt (Typ 10). Der Ingenieur Schwing, hauptberuflich als Hersteller von Betonpumpen mit einigen tausend Mitarbeitern tätig, legte besonderen Wert auf die Befestigungsmöglichkeit im Heckkorb des Schiffes. Darum schwenkte diese Anlage nicht am vertikalen, sondern am horizontalen Pendelarm. Besonderes Merkmal war das überaus lange Pendelruder, welches bei Manövern nach unten ausgehängt werden konnte. Bei stabilen Heckkörben war dies System ein sensibler Steuermann. Die Kurseinstellung erfolgte über einen Endlos-Schneckentrieb. Die Produktion wurde zwischenzeitlich eingestellt.

WINDPILOT (System Typ 11 und 12)

Gegründet wurde dieser Betrieb 1968 von John Adam, nach dessen abenteuerlicher Reise einhand mit einer Leisure 17 über den Atlantik. Diese endete unversehens auf dem Strand von Kuba. Seine spektakuläre Gefangennahme durch kubanische Militärs ging damals durch die Weltpresse. In der wochenlangen Gefangenschaft reifte der Entschluß zur Gründung der Firma Windpilot. Adam baute Hilfs- und Pendelrudersysteme jeder Art aus Edelstahl in handwerklicher Bauweise. Die Hilfsrudersysteme wurden in drei Größen gefertigt: NORDSEE II für Schiffe bis ca. 25 Fuß, ATLANTIK III für Schiffe bis ca. 31 Fuß, ATLANTIK IV für Schiffe bis ca. 35 Fuß.

Überaus robust gebaut, sind diese Systeme nach nunmehr bald 30jähriger Benutzung immer noch funktionsfähig. Die Produktion wurde 1985 eingestellt zu einem Zeitpunkt, als die durchschnittliche Größe der mit Windsteuersystemen ausgerüsteten Schiffe erheblich über 35 Fuß hinauswuchs.

Die Pendelrudersysteme PACIFIC wurden in verschiedenen Versionen, mit V- und H-Fahne, mit oder ohne Flettnerruder von 1969 - 1981 hergestellt.

Die Firmenübernahme durch den Autor dieses Buches erfolgte im Jahre 1977. Im Jahre 1985 fand die Marktvorstellung der Schwestersysteme PACIFIC und PACIFIC PLUS statt, ein Pendelrudersystem, das auch als Doppelrudersystem eingesetzt werden kann. Die Synthese der Vorteile eines Hilfsrudersystems mit denen eines Pendelrudersystems erwies sich als der logische Weg in einer Zeit wachsender Schiffsgrößen, bei denen ein Mittelcockpit die Steuerung mit herkömmlichen Pendelrudersystemen zunehmend erschwerte.

PACIFIC und PACIFIC PLUS werden seit ihrer Markteinführung bis heute nahezu unverändert produziert. Sie weisen alle Merkmale moderner Pendelrudersysteme auf: Modulbauweise, Kegelradgetriebe, Lift-Up, variabler Anbauflansch, stufenlose Fernbedienung und kurze Übertragungswege.

Die Herstellung erfolgt im Sandgußverfahren in AlmG 5, die mechanische Bearbeitung auf modernsten 5-Achs-CNC-Maschinen.

Die PACIFIC wurde für ihr richtungweisendes Design preisgekrönt.

Konstruiert wurden diese Systeme von Peter Christian Förthmann und Jörg Peter Kusserow, Dipl.-Ing in Hannover. Erst kürzlich wurde die PACIFIC LIGHT auf ihrer CAD-Workstation konstruiert.

Es handelt sich um ein Pendelrudersystem mit den Konstruktionsmerkmalen der PACIFIC, jedoch ohne Fernbedienung und Doppellagerung. Sie ist besonders geeignet für kleinere Schiffe, da ihr Gewicht nur ca. 13 kg beträgt. Auch preislich liegt dieses System in einem Bereich, der für kleinere Schiffseinheiten erschwinglich ist.

Die Firma Windpilot ist heute mit 28 Jahren der wohl weltweit älteste Hersteller von Windsteuersystemen, und der einzige, der ein komplettes Programm unterschiedlicher Windsteuersysteme in Modulbauweise für alle Schiffstypen anbietet.

Lieferbar sind.:
– PACIFIC LIGHT,
  für Schiffe bis ca. 30 Fuß
– PACIFIC,
  für Schiffe bis ca. 60 Fuß
– PACIFIC PLUS I,
  für Schiffe bis ca. 40 Fuß
– PACIFIC PLUS II,
  für Schiffe bis ca. 60 Fuß

Windpilot betreibt internationales Marketing im Direktvertrieb und ist auf allen großen europäischen Bootsmessen präsent.

WINDTRAKKER

Dieser englische Hersteller baut seit kurzem ein Pendelrudersystem (Typ 11), das bis in Kleinigkeiten hinein der ARIES nachempfunden ist. Es wird sich zeigen, ob derartige Nachbauten am Markt bestehen können, wenn das Original preislich sogar günstiger zu erwerben ist.

Der Vertrieb erfolgt direkt.

Herstelleradressen

Autopiloten

AUTOHELM:
Ferropilot GmbH
Siemensstr. 35
25462 Rellingen
Tel: 04101/30101
Fax: 04101/301333

BENMAR:
Kybertronic GmbH
Postfach 0740
80915 München
Tel: 089/3101649
Fax: 089/3102171

BROOKES & GATEHOUSE:
Elna GmbH
Siemensstr. 35
25462 Rellingen
Tel: 04101/30100
Fax: 04101/301214

CETREK:
Dantronic GmbH
Fahrensodde 20
24944 Flensburg
Tel: 0461/31330
Fax: 0461/3133200

NAVICO:
H.E. Eissing KG
2. Polderweg 18
26723 Emden
Tel: 04921/80080
Fax: 04921/800819

ROBERTSON:
Simrad GmbH & Co KG
Dithmarscherstr 13
26723 Emden
Tel: 04921/96860
Fax: 04921/968677

SEGATRON:
Gerhard Seegers
Bleichenstr. 73
31515 Wunstorf
Tel: 05033/1660
Fax: 05033/2066

SILVA:
Herman Gotthardt GmbH
Leunastr. 50
22761 Hamburg
Tel: 040/859074
Fax: 040/8509133

VDO:
VDO Kienzle GmbH
Rüsselsheimer Str. 22
60326 Frankfurt
Tel: 069/75860
Fax: 069/7586210

VETUS:
Vetus den Ouden GmbH
Auf dem Sand 22
40721 Hilden
Tel: 02103/48089
Fax: 02103/48092

Windsteuersysteme

ARIES-Ersatzteile
für alle existierenden Systeme:
ARIES Spares Helen Franklin
48 St. Thomas Street
Penryn Cornwall TR 10 8 JW
England
Tel: +44/1326377467
Fax: +44/1326378117

ARIES Standard:
Peter Matthiesen
Ruglokke 30a
DK-6430 Nordborg
Tel: +45/74450760
Fax: +45/74452960

AUTO-HELM:
Scanmar Marine
432 South 1st Street
Richmond CA. 94804 - 2107, USA
Tel: +1/5102152010
Fax: +1/5102155005

AUTO-STEER:
Clearway Design
3 Chough Close
Tregoniggie Ind Estate
Falmouth Cornwall TR114SN
England
Tel: +44/1326376048
Fax: +44/1326376164

BOUVAAN:
Tjeerd Bouma
Brahmsstraat 57,
NL-6904 DB Zevenaar
Tel: +31/836025566

BWS:
B.W. Steenkist
Amsterdamsevaart 102
NL-2032 EE Haarlem
Tel: +31/23352775

CAP HORN:
Cap Horn
316 avenue Girouard,
OKA Canada JON 1EO
Tel: +1/5144796314
Fax: +1/5144791895

FLEMING:
Fleming Marine USA Inc.
2203 Shelter Island Drive
San Diego CA. 92106, USA
Tel: +1/6192229124
Fax: +1/6192229234

LEVANTER:
Levanter Marine Equipment
Gandish Road
East Bergholt
Colchester CO7 6UR
England
Tel: +44/1206298242

HYDROVANE:
Hydrovane Yacht Equipment LTD.
117 Bramcote Lane
Chilwell, Nottingham NG9 4EU
England
Tel: +44/1159256181
Fax: +44/1159431408

MONITOR:
Scanmar Marine
432 South 1st Street
Richmond CA. 94804 - 2107
USA
Tel: +1/5102152010
Fax: +1/5102155005

MUSTAFA:
Emi SRI
Via Lanfranchi 12
25036 Palazzolo
Italien
Tel/Fax: +39/307301438

NAVIK:
Plastimo France
15 rue Ingénieur Verrière
F-56325 Lorient
Tel: +33/97873636
Fax: +33/97873649

ROYAL:
SST
Zillestr 69
10585 Berlin
Tel: 030/3417044
Fax: 030/3417045

RVG:
International Marine
Manufacturing Co.
8895 SW 129 Street
Miami FL 33176, USA
Tel/Fax: +1/3052553939

SAILOMAT USA:
P.O.Box 2077
La Jolla
CA. 92038, USA
Tel: +1/6194546191
Fax: +1/6194543512

SAYE'S RIG:
Scanmar Marine
432 South 1st Street
Richmond CA. 94804 - 2107, USA
Tel: +1/5102152010
Fax: +1/5102155005

WINDPILOT:
Windpilot
Bandwirkerstrasse 39 - 41
22041 Hamburg
Tel: 040/6525244
Fax: 040/686515

WINDTRAKKER:
Trakker Marine Ltd.
Island Farm Avenue
West Molesey, Surrey KT8 2UW
England
Tel: +44/1819798491
Fax: +44/1819417457

Literaturhinweise

Cornell, Jimmy.
  Skippertips
  aus 1000 Bordbüchern.
  Stuttgart 1991.

Cornell, Jimmy.
  Around the world rally.
  London 1993.

Dijkstra, G.
  Windselbststeueranlagen.
  Bielefeld 1979.

Herbert, T.
  Selfsteering, A.Y.R.S.
  Kent 1974.

Hiscock, E.
  Voyaging under Sail.
  London 1972.

Letcher, J.S.
  Selfsteering for sailing craft.
  Maine 1974.

Malice, J.-P.
  Barrer sans barreur.
  Paris 1981.

Tabarly, E.
  Pen Duick.
  London 1970.

Volz/Mohr.
  Windselbststeueranlagen.
  Bielefeld 1977.

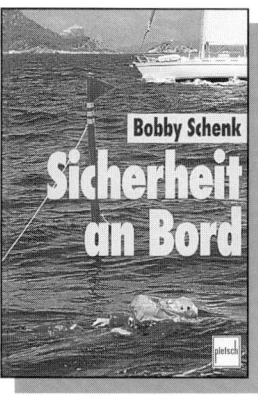